clave

Pablo Arribas (Madrid, 1986) es licenciado en Humanidades y Periodismo. Emprendedor, divulgador de conocimientos y, como él se define, buscador de ideas. Bajo el convencimiento de que «todos tenemos derecho a perseguir la vida que amamos», Pablo Arribas nos acerca su filosofía de vida valiente y nos invita a descubrir la grandeza que existe dentro de nosotros, así como a tener el coraje de escuchar a nuestro corazón y apostar siempre por nuestros sueños. Es autor de los libros *Vive de forma que te duela marcharte*; *El universo de lo sencillo*, y *Cabeza, corazón y tripa*, que ya han ayudado a más de sesenta mil lectores.

Para más información, visita la página web del autor:
www.eluniversodelosencillo.com

También puedes seguir a Pablo Arribas en sus redes sociales:
@pabloarribas
Pablo Arribas
El universo de lo sencillo

Vive de forma que te duela marcharte

Una filosofía de vida valiente
para dar la vuelta a tu mundo

PABLO ARRIBAS

DEBOLS!LLO

Papel certificado por el Forest Stewardship Council®

Penguin
Random House
Grupo Editorial

Primera edición en esta colección: febrero de 2025

© 2021, Pablo Arribas
© 2021, 2025, Penguin Random House Grupo Editorial, S. A. U.
Travessera de Gràcia, 47-49. 08021 Barcelona
Diseño de la cubierta: Penguin Random House Grupo Editorial / Begoña Berruezo
Imagen de la cubierta: © Ilani Ribero

Printed in Spain – Impreso en España

ISBN: 978-84-663-7927-4
Depósito legal: B-21.343-2024

Compuesto en La Nueva Edimac, S. L
Impreso en Black Print CPI Ibérica
Sant Andreu de la Barca (Barcelona)

P 379274

A mi primo Borja,
con el deseo de que tropieces una y otra vez.
Será la forma de asegurarnos una razón para brindar

Índice

Antes de empezar 15
    La moraleja. 17
    El viaje: la vuelta al mundo 19
    El equipaje 22

Vive de forma que te duela marcharte 23
    Seguir bailando cualquiera que sea
      el adagio 27
    «La tristeza de hoy es la alegría de ayer» . . 29
    La estrella que falta 30
    El gran pacto 33
    La filosofía de la valentía 35
    La escala de la valentía 40
    La certidumbre es la muerte de
      la aventura 44
    Soltando la certeza 48
    ¡El giiiiiro finaaal! 50
    El cactus y el globo 54
    El rincón de llorar 56
    Ganar perdiendo 58

PRIMERA PARTE
IMPLICACIÓN

1. Vivir enamorados. *Pulsera Implicación (Amarilla)*   63
   La playa más bonita del mundo   65
   El milagro de vivir implicados   69
   Los dos tipos de enamoramiento   72
   La decisión de jugar con la vida   76
   La esencia de la conexión   82
   Lo que se pierde se pierde   84
   La persona más rica de la Tierra   86
   El club de las vajillas de oro   89
   El triángulo mágico de la alegría   91
   Voy a escribir un best seller (*Betsy*)   92
   Dejar belleza en el mundo   96
   El atardecer no espera   98

2. La magia de la actitud. *Pulsera Implicación
   (Amarilla)*   99
   ¿Víctima o protagonista? 103
   La gran votación 104
   Cómo elogiar a un artista 105
   La ley de los doscientos 108
   El poder de las historias 112
   Los valientes imperfectos 117
   Hacia islas desiertas 119
   El ladrillo más importante 121

Ten paciencia 124
La palabra más importante 126

SEGUNDA PARTE
AUTENTICIDAD

3. Vivir en verdad. *Pulsera Verdad (Burdeos)* 135
    Un mundo de extremos 140
    Únete al club 143
    Hacia una vida auténtica 146
    Contar tu verdad 148
    El «método VALV» 152
    A solas con tu monstruo 155
    La importancia de dejarnos ver 159
    El mejor bailarín del mundo 160
    PMV: Persona Más que Valiosa 162
    Dejar brillar tu torpeza 165
    Dos idiotas 166
    Aunque no te quieran 168

4. Sobrevivir a la opinión de los demás. *Pulsera*
   Everest (Azul) 169
    «Le dijeron que era imposible. Les saludó
    desde la cima» 171
    El asesino de sueños número uno: la
    opinión de los demás 174
    Nuestro chaleco antibalas 177

5 creencias para sobrevivir a la opinión
    destructiva de los demás 181
De gladiador a gladiador 182
No escribo para los no creyentes 184
No es el momento de callarse. 186
Exponerse duele, pero... 190
Mi mayor mini-miedo 192
La magia de una nariz roja 194
Es muy difícil ver a un soñador pelear solo . 196

5. La importancia del entorno. *Pulsera Entorno
    (Verde)*. 199
La palabra mágica del crecimiento:
    «Entorno» 201
El *mejor-peor* partido de Rafa Nadal . . . 205
La belleza exterior 206
Todos somos todo 210
Con un *follower* basta 214
Juntos en el barro 217
El secreto es siempre el equipo 220
El arte de ordenar: ¿a quién estás
    dando qué? 223
Plantas de exterior en el interior 224

6. Abrazar tu historia. *Pulsera Verdad (Burdeos)* . . 225
¿Persona o personaje? 229
La gran aventura final 233

Cuando te atrevas a despedirte 236
¿Te han roto alguna vez el corazón? 241
El trocito de mundo que podemos
    transformar 243
Johnny, el del banjo 249
Sigue tu propio camino 252
Tu historia es tu historia 253
Crecer por eliminación 256
Amar tu escalón 260
Juntos hasta el final 261

TERCERA PARTE
CORAJE

7. Aprendiendo a soltar. *Pulsera Cero (Blanca)* . . . 267
    Una despedida triunfal 270
    Un kilo puede marcar la diferencia 273
    Soltar lo pequeño para asaltar lo grande . . 277
    La magia del *big data* 279
    ¿Cómo se llama tu película? (tercer aviso) . 282
    Desprenderse de tu jugador estrella 284
    Saltar del barco antes de que se hunda . . . 288
    Vivir en el «no lo sé» 293
    Billete «solo ida» 296

8. No retirar la mirada. *Pulsera 0-5-10 (Turquesa)
    / Pulsera no retirar la mirada (Marrón)* 299

Camino a la luz. 303

Viaje a la conexión 305

Hacia rutas salvajes: el «modo Olmo» . . . 306

«Aporta o aparta.» ¿Estás seguro? 310

¡Namasté, Namasté! 313

La gente tóxica no existe 316

La teoría 0-5-10 (cómo mejorar el mundo) . 319

A ti, que lloraste en voz baja 322

La pócima alucinógena 324

La gran revelación: no retirar la mirada . . 328

Vivir en la trinchera 330

Las pulseras de la valentía 333

Pulsera Implicación 335

Pulsera Verdad 336

Pulsera Everest 337

Pulsera Entorno 338

Pulsera Cero 339

Pulsera 0-5-10 340

Pulsera no retirar la mirada 341

Pulsera Valentía 342

Agradecimientos 345

Dos veces en esta vida he podido elegir: como niño y como hombre. El niño eligió la seguridad, el hombre elige el sufrimiento.

El dolor de ahora es parte de la felicidad de entonces. Ese es el trato.

C. S. LEWIS
Tierras de penumbra

Antes de empezar

Tenía solo siete años cuando tuve el sueño más loco de toda mi vida. Como creativo, confieso que esto me resulta un tanto inquietante, pues de aquello han pasado veintiocho años y, desde entonces, no he vuelto a tener una idea tan genial. Pero ocurrió así, y con solo siete años me convertí por decisión propia en el protagonista de una historia de riqueza. ¡De mucha riqueza!

Todo empezó una noche en casa de mis abuelos, donde pasé los años de mi infancia. Era la hora de la cena y, junto a la mesa, nos habíamos reunido mi hermano, mi madre, mis abuelos, mis bisabuelos y yo. Solíamos hacerlo así. Al llegar el turno del postre, mi abuela sacó un cesto de mimbre repleto de frutas. Entre ellas, pude distinguir una que, hasta ese día, nunca había visto. Por fuera no resultaba muy atractiva. Era de un color marrón rojizo, con forma de cebolla, piel dura y un pequeño quiqui en su parte superior. «Se llama granada», dijo mi abuelo al percibir mi asombro, lo que a mi hermano y a mí nos provocó una enorme carcajada. Una vez abierta, todo cambió, y aquella fruta *capaz de matar al ene-*

migo si la lanzabas por encima de la trinchera, mostró su belleza interior.

El corazón me latía con fuerza, mientras mis ojos se esforzaban por creer lo que estaban viendo. Tenía delante de mí —en las semillas de la granada— la oportunidad de mi vida. Su color rojo y traslúcido, su tamaño, su forma angular... todo encajaba, y mi gran idea estaba a punto de ver la luz:

«¿Y si las utilizaba para fabricar rubíes?».

Temí no ser el único que se había dado cuenta, lo que me obligaba a actuar rápido y con cautela. Mi imaginación viajaba a toda velocidad y no tardó en encontrar algunos obstáculos a los que hacer frente: ¿cómo pensaba apoderarme de algunas semillas delante de todos? ¿Cómo lograría endurecerlas para lograr la consistencia de mis ansiados minerales? Nada de eso me detendría. A fin de cuentas, por todos es sabido que los imposibles no surgen hasta que eres mayor. Así pues, esbocé mi plan y, guardándome con disimulo unas pocas semillas en el bolsillo del pantalón, determiné para mis adentros: «Al amanecer, las pondré a secar al sol».

Aquella noche apenas dormí. Estaba nervioso y alerta, ilusionado y atento a la llegada de los primeros rayos del día. Cuando por fin asomaron, me puse en pie de un salto y me dirigí al jardín a hurtadillas con las semillas escondidas dentro de mi puño. Una vez allí, les busqué un lugar adecuado. Los requisitos eran claros: debía estar lo suficientemente despejado como para que pudiera darles el sol y lo bastante protegido como para que los mirlos y urracas no se llevaran mis futuros tesoros, pues había escuchado decir a mi familia que este tipo de aves tendía a robar joyas y objetos brillantes. Lo tenía todo bajo control, y mi plan para hacerme rico estaba en marcha. Solo quedaba esperar.

LA MORALEJA

Como puedes imaginar, la *cosa* no salió como yo esperaba y, con el tiempo, aquellas semillas de granada secadas al sol, más que a unos valiosos rubíes lograron parecerse a unas tristes uvas pasas. Mi primer negocio se había ido al traste.

Nunca tuve claro cuál era el mensaje de aquella historia, pero con el paso de los años siempre acababa volviendo a mi cabeza. Sabía que algo era seguro: la alquimia no era el mejor futuro para mí, pero sentía que había algo más. Las primeras revisiones de los hechos me llevaron a sopesar varias opciones:

1) Los grandes tesoros no se encuentran fácilmente.
2) No hay mayor tesoro que poner la acción al servicio de la imaginación.

Y otra que, desde que llegó a mí, nunca se ha ido:

3) Todos podemos perder un sueño, pero nunca la capacidad de soñar.

Los años pasaban y seguía faltando algo, el nexo que hacía que siguiera viéndome reflejado en aquella historia cada vez más lejana. Finalmente, di con la respuesta:

4) No se trataba de la historia de un tesoro, sino del nacimiento de un buscador de tesoros que quizá no los había encontrado *ahí* —dentro de una fruta—, pero que, tarde o temprano, lo haría en otra parte.

Y lo hice. Encontré mis tesoros en las ideas. Desde entonces, cuando alguien me pregunta por mi profesión, evito responder que soy escritor, o conferenciante, o viajero. En su lugar, tomo aire, cierro los ojos con fuerza para recordar al niño que fui y, rindiéndole homenaje para no perderle, respondo:

«SOY BUSCADOR DE IDEAS».

Aquel niño sigue aquí, mezclado con el adulto que poco a poco ha ido asomando, fieles ambos al plan de seguir buscando tesoros. La suerte, como en todo intento deliberado, ha sido dispar, haciendo de la búsqueda un desafío, si cabe, aún más apasionante. Unas veces entre libros e historias ajenas; otras, entre los esquivos recovecos de la mirada interior; y siempre, con la misión de traer de vuelta cada uno de los aprendizajes y ponerlos al servicio de aquellos otros osados buscadores a quienes pudieran llegar a ayudar.

Así fue como nació este libro, al igual que los anteriores. Con la diferencia de que, en esta ocasión, la búsqueda me ha llevado más lejos de lo habitual. Concretamente, a casi tres años de viajes a lo largo de diferentes países y culturas del mundo.

EL VIAJE: LA VUELTA AL MUNDO

Salí de Madrid el 6 de noviembre de 2018, martes, con la única compañía de una mochila llena hasta los topes, unas zapatillas rojas, una sudadera para combatir el frío polar de los aviones y un inoportuno y enorme mapamundi que me regaló mi primo, ya en el aeropuerto, bajo la promesa de que lo trajera de vuelta. ¿La razón? Nunca nos ha hecho falta una. Lo llamé *el jodido mapa*. Y volvió.

La ruta no estaba clara —a excepción de los tres primeros destinos— y preferí improvisarla sobre la marcha. Lo único seguro es que quería completar una vuelta al mundo, y que lo haría en sentido este. Acabé pasándome de largo:

España – China – Tailandia – Filipinas – Camboya – Vietnam – Myanmar – Malasia – Indonesia – Singapur – Japón – Estados Unidos – Ecuador – Perú – Bolivia – España – India – Nepal – Tailandia – Filipinas – Australia – Indonesia – PANDEMIA.

Al contrario de lo que con frecuencia ocurre en este tipo de aventuras, mi viaje no vino encabezado por alguna frase del tipo «lo dejo todo», y si resultó ser así, a buen seguro fue casual. Tampoco supuso una huida o una búsqueda interior. Fue algo mucho más sencillo: lo deseaba de corazón. Todo cuanto haya de extraordinario en el camino corresponde a la belleza, la abundancia y las historias que habitan cada día fuera de nuestras fronteras. No las geográficas, sino las marcadas por nuestras creencias y rutinas diarias.

Describir todo lo vivido en estos años supondría un libro aparte, y aunque sería grueso, constaría de una sola línea. Diría así: «Date la oportunidad de experimentarlo por ti mismo». El resto de las páginas quedarían en blanco, a la espera de que cada viajero las rellenara con sus propias vivencias y reflexiones.

Así pues —y aunque encontrarás anécdotas del camino—, este no es un libro de viajes por diferentes países, sino por uno mismo. En él, no intentaré convencerte de que cruces océanos o subas a un solo avión. A cambio, habrá un fin que perseguiré con esmero: que prepares tu mochila con lo estrictamente necesario y partas rumbo a la vida que sueñas. El camino será por momentos extraño, pero emocionante. Habrá miedo a la par que asombro, ilusión a la vez que incertidumbre, pero, sobre todo, el convencimiento de que, pese a los tropiezos, no hay premio mayor que tomar la decisión irrevocable de vivir nuestras historias con coraje, implicación y autenticidad.

Aquel 6 de noviembre desconocía las *ideas* que iba a encontrar, y en ningún momento sospeché que juntas pudieran dar forma a una *filosofía de vida valiente*. Hoy, mi mayor satisfacción es invitarte a conocer el que ha sido hasta la fecha mi mayor *tesoro*. Si te animas, quiero pedirte algo: cuida que el billete sea «solo ida». Y si el destino —como en una vuelta al mundo— quiere que regreses a las coordenadas de partida, disfruta del regalo que supone contemplar el mismo escenario, pero con la mirada renovada. No se me ocurre forma más bella de distinguir cuándo un alma ha crecido.

EL EQUIPAJE

A lo largo del libro encontrarás algunas historias acompañadas de un número —[1], [2], [3], [4]...—. Corresponden a los vídeos que encontrarás en una zona privada y exclusiva para ti, y a la que accederás escaneando el siguiente código QR. Cada uno de ellos muestra la historia del viaje a la que hace alusión el número, y ha sido creado durante estos años con todo mi cariño para que hoy puedas vivir cada aventura conmigo. Te recomiendo que guardes la página abierta en tu teléfono u ordenador mientras lees el libro.

Si durante estos años has seguido mi trabajo en las redes, quiero darte las gracias de todo corazón, pues nada habría sido posible sin ti; y si acabas de llegar, permíteme darte la más cercana de las bienvenidas a este universo de valentía e ilusión.

Vive de forma que te duela marcharte

Pulsera Valentía (Dorada)

> Yo he crecido cerca de las vías y por eso
> sé que la tristeza y la alegría viajan en el
> mismo tren.
>
> FITO CABRALES

Fue todo muy rápido. Él estaba detrás de mí y enseguida pude notar el filo de su navaja a la altura de mi cuello. Tenía la piel morena, como la mayoría de los habitantes de Ecuador, y la parte del brazo que alcanzaba a ver estaba llena de cicatrices. Días atrás me habían advertido de la peligrosidad de moverme sin compañía por algunas zonas del Cerro Santa Ana, en Guayaquil, pero hice caso omiso y ahora me encontraba allí, con una cuchilla fina y afilada paseando por mi nuez.

—¿Por dónde has venido, chico?

Con mi mano derecha le señalé la dirección, una pronunciada cuesta por la que ahora pasaban algunos coches viejos y ruidosos.

—Por allí, señor.

El hombre apartó la navaja de mi cuello y limpió su hoja con los dedos. Acto seguido, volvió a acercarla, en esta ocasión a la zona de mi sien. Tragué saliva. Había llegado la hora, el momento que siempre he temido. Tomé aire profundamente y cerré los ojos esperando su decisión.

—¿Rectas o de punta?

—¿Perdona?

Sus palabras me pillaron por sorpresa. Normalmente nadie lo pregunta y es cuando se origina el gran drama.

—Las patillas, ¿rectas o de punta?

Odio cuando voy a la peluquería y no tienen en cuenta algo tan importante como el corte de las patillas, sobre todo si acaban dejando un hueco rapado a la altura de las orejas en mi no muy lograda barba. Supongo que la culpa es mía por no haber superado mi vergüenza a *inmiscuirme* en el trabajo de otros, y me pareció un buen detalle que me preguntara.

—Rectas, por supuesto.

Abel —que así se llamaba— era barbero, y la única historia de asaltos y navajas que se escuchó aquella mañana fue la de su pasado. Me la contó mientras arreglaba mi desaliñada cabellera:

—¿Sabes? Yo era una persona muy temida aquí en el Cerro. Me llamaban «El Chacal», y todos sabían a qué me dedicaba.

—¡Cuéntame! —le dije. «Mientras no me mates», pensé.

—Robaba en las calles. Era el número uno. Para mí era una forma fácil de ganar dinero, pero eso ya forma parte de otra vida. Ahora soy honrado.

El Chacal parecía encantado de tener a alguien que le escuchara y yo estaba intrigado.

—¿Y qué cambió? —le pregunté ansioso.

Se hizo un silencio. Momento que aprovechó para reemplazar el cabezal de la maquinilla.

—Mira, ¿ves estas cicatrices? —Las tenía por todo el brazo y parte de la cara—. Ácido. Me quemaron. Por lo visto asalté a la persona equivocada, pero yo no lo vi, solo pensé en su reloj de oro. Valdría unos cinco mil dólares, así que le rompí la cabeza y se lo quité. Al día siguiente sus amigos vinieron a por mí.

Desvié la mirada hacia mi muñeca, dando las gracias por conocer formas más económicas de saber la hora. El Chacal, mientras tanto, seguía pasando utensilios afilados por mi cabeza. Llegó el turno de las tijeras.

—¿Y no temiste que te mataran?

—En absoluto. Cuando vives así sabes que puede pasar cualquier día, y me parece justo. Es la suerte que eliges.

Aquello tenía sentido. Si estás en guerra, estás en guerra.

—Cuando llegué a casa con el cuerpo lleno de quemaduras, mi mujer me recibió muy seria. Estaba embarazada y, señalando su barriga, me dijo: «O lo dejas o no ves al bebé». Así que me busqué otra forma de ganarme la vida.

Pasamos un buen rato charlando sobre aquello, así como de las técnicas que empleaba para asaltar a los viandantes. No todos los días puedes hablar con un antiguo matón, y menos con alguien que siente verdadero orgullo por haber reconducido su vida. Antes de abandonar la barbería le di una buena propina, no fuera que sintiera el impulso de volver a las andadas, y dándome un abrazo —aquello fue extraño—, me dejó estas palabras:

—Nunca hay que rendirse, mi hermano.

SEGUIR BAILANDO CUALQUIERA QUE SEA EL ADAGIO

Siempre había pensado que las grandes hazañas de la vida tenían que ver con llegar a algún destino victorioso, y que, por tanto, nuestra misión consistía en reducir al mínimo el número de caídas. De alguna manera, creía que el heroísmo era algo así como ser el único que permanece en pie cuando acaba la guerra, o el último que queda sentado cuando para la música en el juego de las sillas. Por decirlo de otro modo, pensaba que ganar era llegar hasta el final con las rodillas limpias, los brazos en alto y el traje impoluto. Y, por supuesto, sin cicatrices.

Recuerdo muy bien el día que me di de bruces, cinco años antes de escribir este libro. Mi abuela Encarna acababa de regresar de una cena con sus amigos y tenía la mirada triste. Ella es una persona recta y fuerte, una mujer a la que los casi extintos adjetivos «clase» y «elegancia» le emanan de cada poro de su piel. Sin embargo, aquella noche el dolor se había recostado en ella.

—¡Cuántos recuerdos, hijo! —me dijo desde el sillón aterciopelado del que fuera el despacho de mi abuelo—. ¡Qué difícil es ver que cada año quedamos menos!

No supe qué decir. Mi mente empezó a visualizar una gran mesa repleta de comensales en la que el tiempo iba borrando con su paso a cada uno de ellos, igual que la música en mi juego de las sillas. Algún día solo quedaría una persona en aquella mesa. ¿Sería ella?

—Supongo que cuando acaba la fiesta, alguien tiene que apagar las luces —me animé a decir.

Quería conectar con ella, pero desde mi diminuta perspectiva se me hacía difícil imaginar una vida en la que, por muy optimista que seas, percibes que los momentos más hermosos no están por venir, sino que ya se fueron, y que para tocarlos has de acudir a la memoria.

Los segundos hasta su respuesta se me hicieron eternos, empezando a dudar de si mis palabras habían sido acertadas. Finalmente, mi abuela se pronunció y, mirándome con sus brillantes ojos azules, me regaló una frase que desde entonces se ha convertido en una de mis banderas:

«Si estás en el baile, has de bailar».

«Nunca rendirse» y seguir bailando cualquiera que sea el adagio. Lo había visto claro: las grandes historias no hablan de victorias, sino de lucha.

«LA TRISTEZA DE HOY ES LA ALEGRÍA DE AYER»

Pero no nos pongamos tristes por mi abuela. Ella está de maravilla. Con sus ochenta y nueve años hace más vida que muchos jóvenes de los noventa. Tal vez la hayas visto en alguna de tus tardes de *terraceo*: es la mujer alta de gafas de sol y pelo color perla que llama al camarero haciendo *psss-psss* para pedirle un Campari. «Hasta arriba, por favor.» Los días especiales, sin embargo, se decanta por un Dry Martini. Me hace gracia cuando dice: «Estos chicos de ahora… Se creen que han inventado el gin-tonic por echarle muchas frutas y luego no saben ni sujetar la copa». A continuación, sube a su Audi A4 blanco, mete cuarta en peatonal y se dirige a toda mecha a su clase de francés. Debería salir más con ella. *Demasié*.

Con todo, hay algo en su historia en lo que sí me gustaría detenerme, y es en el origen del dolor de aquella noche. En un primer análisis, podría parecer que su tristeza nació de la pérdida, pero eso es solo la parte visible. Si nos adentramos un poco más, pronto descubrimos que empezó mucho antes, concretamente en los momentos de alegría compartidos con sus amigos, y que el dolor por su pérdida era solo la forma de medir el valor de lo vivido. Una frase de C. S. Lewis, en la prodigiosa película *Tierras de penumbra*, lo resume de manera muy sencilla: «La tristeza de hoy es la alegría de ayer».

LA ESTRELLA QUE FALTA

Cuando pienso en la gente que se va, suelo recurrir a las estrellas. Esto no es algo novedoso, Mufasa también lo hacía. En una ocasión, le dijo a Simba:

«Mira las estrellas. Los grandes reyes del pasado nos miran desde allí, así que, cuando te sientas solo, recuerda que esos reyes siempre estarán ahí para guiarte. Y yo también».

Rey y filósofo. He visto muchos cielos en mis viajes. Recuerdo la primera vez que contemplé la Vía Láctea casi con la nitidez de las fotos retocadas de Instagram. Fue en el salar de Uyuni, en Bolivia. Había tantas estrellas que si surgía en ti el deseo de creerte el centro del mundo se te quitaba de un plumazo. «Eh, tú, pelusilla —me grita Casiopea—, ¿cómo de importante dices que eres? ¡Novato!» Me acuerdo de otros cielos como los del desierto de Australia, o la cordillera del Himalaya. Si los mirabas mucho rato, no era difícil ver una o dos estrellas fugaces por minuto. [1]* Era sobrecogedor. A veces, cuando al volver a la ciudad miro arriba y solo veo un puñado de ellas, pienso: «Pero ¿qué ha pasado aquí? ¿Dónde están las estrellas que vi?». No hay rastro de Mufasa.

* Recuerda que estos números que encontrarás a lo largo del libro te llevan al vídeo de la aventura a través del QR de la p. 22.

«La tristeza de hoy es la alegría de ayer», decía. Fue la reflexión que sirvió como punto de partida para este libro, y creo, la razón por la que, cuando publiqué un primer post titulado «Vive de forma que te duela marcharte», en 2015, tuvo tan buena acogida.[1] Aquello me sorprendió. ¿Cómo era posible que, en una era marcada por la búsqueda constante de placer, una apelación al dolor llegara a tantas personas? ¿Cuál era esa forma de vida que incluía el sufrimiento dentro de su filosofía? Quería seguir indagando.

En un primer momento creo que yo mismo malinterpreté su significado, asociándolo a la cantidad de experiencias, un modo de decir: «Vive muchísimas cosas, que la vida se acaba». Y, en cierta manera, tenía su motivo. Eran mis años más locos y mi vida estaba enfocada en probar todo lo que tenía a mi alcance. No fue hasta un tiempo después, al conocer la cita de C. S. Lewis, cuando descubrí que no se trataba de un llamamiento a la cantidad, sino a la implicación. No era una cuestión de vivir mucho, sino de vivir bien —de poner el corazón—, y eso podía traer consecuencias en forma de heridas. De hecho, estaban aseguradas.

1. Aunque publiqué por primera vez la frase «Vive de forma que te duela marcharte» en junio de 2014, no fue hasta marzo de 2015 cuando escribí un post con este título. En la primera semana obtuvo más de 150.000 visitas.

Entre los incontables mensajes que recibí por aquel artículo, recuerdo algunos que hacían hincapié en algo que, aunque interesante, yo no puedo compartir: «Si vives de la manera adecuada —decían—, entonces no te dolerá marcharte». Quizá llevaran razón, pero desde mi experiencia he observado lo contrario. Vendría a ser como las despedidas del verano:

> *Si después de un año de trabajo —al llegar por fin las vacaciones— decides que esta vez el tiempo será para ti. Y rompes la hucha. Y guardas el reloj. Y te concedes todo ese amor que antes no podías para leer, para mirar el mar o para escaparte en tu bicicleta. Y te juntas, además, con tus viejos amigos o tu familia en una última semana de aventura y conexión, de atardeceres y hogueras con guitarra. En fin, cuando te implicas al máximo con lo que te rodea y te completa, al llegar el último día, cuando el DJ de la verbena anuncia entre fuegos artificiales la última canción, sentirás en ti un pinchazo.*

> *Y es natural. Fuiste feliz y te duele que termine. Y la única manera de alegrarte de que la música deje de sonar es habiendo sido la persona que no paraba de mirar el calendario mientras le decía que «no» a todo refunfuñando.*

Y lo que vale para lo pequeño, vale también para lo grande. Cuando has amado y se han ido, cuando tuviste una gran ilusión y no salió o, como mi abuela, cuando llegaste a la mesa y ese año solo estaban sus sillas vacías, tu corazón se resiente. No porque se fueran, sino porque estuvieron. Y no puedes echar la vista atrás y fingir que aquellas estrellas que un día iluminaron tu cielo no fueron reales, porque lo eran. Tú estabas allí. Y la única forma de evitar el dolor por su ausencia hubiera sido bajar la cabeza y nunca haber mirado. Recuerda:

«La tristeza de hoy es la alegría de ayer».

EL GRAN PACTO

Me gusta un cuento popular que describe la llegada de un turista a El Cairo en busca de un reconocido sabio. Al llegar a su casa, se sorprende al ver que en ella apenas hay una mesa y una cama. «¿Dónde están tus muebles?», le pregunta. A lo que el sabio responde: «¿Y los tuyos?». El turista, confiado, le dice: «¿Los míos? ¡Yo estoy aquí solamente de paso!». «Como yo», replica el sabio.

Nos incomoda aceptar que lo que empieza acaba y que la vida, aunque pueda llegar a ser larga, no es más que un préstamo. Yo siempre lo comparo con ese amigo que te deja dinero. Cuando te lo presta es genial, te ha salvado el cuello por algún desajuste en tus cuentas o te ha ayudado a cumplir alguna ilusión. En ese momento todo es gratitud. El problema llega cuando toca pagar. Ha pasado el tiempo y ahora no te va bien. Un día, cuando crees que tu amigo ya se ha olvidado, ves una llamada suya. *¡Auch!*

Creo que no hay mucha diferencia con nuestras experiencias vitales más profundas. ¡Cómo cuesta devolver lo que la vida nos prestó! Ese amigo, ese amor, ese sueño, esa ilusión del camino. Y, sobre todo, cómo cuesta guardar el «gracias» que sentimos al recibir el préstamo para la hora de la devolución. Pero es lo justo.

Por eso la tristeza de hoy no puede separarse de la alegría de ayer. Era un préstamo. Y por eso el mayor signo de haber sanado una pérdida o superado un duelo no es la simple aceptación de los hechos —como suele señalarse—, sino la gratitud por lo vivido.

La mejor palabra para aprender a soltar no es «adiós», sino «gracias».

LA FILOSOFÍA DE LA VALENTÍA

La cosa empezaba a ponerse seria. Me había pasado la vida creyendo que el dolor representaba al malo de la peli, y que si sufríamos era por una de dos: o porque algo habíamos hecho mal o porque no estábamos haciendo lo que tocaba para sanarlo. En cualquiera de los casos, el dolor era una molestia que había que quitarse de encima cuanto antes.

Lo veía cuando, en mitad de alguna pena, el entorno trataba de minimizarla o extirparla con consejos instantáneos, mientras que yo solo quería sentirme acompañado. Lo veía cuando oía que «si quieres, puedes», pero nosotros, habiéndolo entregado todo, nos volvimos a casa con los bolsillos vacíos. Lo veía cuando escuchaba que «la vida nunca te pone una cruz más grande de la que puedas soportar» y mi madre se retorcía de dolor en la cama tras ser diagnosticada de una enfermedad degenerativa. Y lo veía cuando decían que «la vida acaba poniendo a cada uno en su lugar», pero la experiencia me mostraba a gente perversa salirse con la suya y a personas buenas no recoger nunca su premio.

Lo veía en muchas partes: formas de suavizar que la realidad a veces duele. Y ya está.

Algo estaba fallando en los mensajes que percibía a mi alrededor, y la idea de aceptar la tristeza como el pago justo por haber sentido alegría llegó para trastocarlo todo. Si aquello resultaba ser verdad —si la alegría y la tristeza eran partes de un mismo pack—, también lo serían la ilusión y la decepción, el amor y el miedo, los sueños y la incertidumbre, el triunfo y el fracaso; y, por tanto, si queríamos aspirar a los primeros, no habría mayor sentido que, a la vida, abrazarla entera.

El desafío no iba a ser cómodo. Integrar el dolor en mi discurso me obligaba a cuestionarme muchas cosas: escritos que había publicado, la forma de mirar el sufrimiento de los demás, mi actitud a la hora de asumir nuevos riesgos... y, lo más importante, qué iba a hacer con la camiseta que acababa de comprarme donde ponía «Todo es perfecto».

Sentí el vacío, señal inequívoca de que empezaba la búsqueda de nuevas respuestas. Viajar fue un refugio para este fin, ya que, al abrirte a nuevas culturas, absorbes muchas ideas, y lo que es más interesante, aprendes que las hay diferentes, y que cada una de ellas —por extraña e ingenua que nos parezca— tiene su razón de ser en la cultura que la abarca. Es lo que se conoce como paradigma, y todos son válidos siempre y cuando sus ideas guarden entre sí la coherencia. Así ocurre con los idiomas: mientras todas las palabras tengan sentido para ti y provoquen entendimiento, ese idioma es correcto.

El valor de una creencia no es que sea verdadera, sino que sea útil. Que nos haga bien.

Acabé por descubrir que el idioma que quería para mi vida era el de la valentía, ya que las palabras que suelo encontrarme en el camino son «obstáculo», «golpe», «incertidumbre», «tristeza», «expectativa», «deseo»... Palabras que no puedo dejar fuera, pues quiera o no la vida siempre acaba introduciéndomelas en alguna oración. Elegir este idioma lo haría todo comprensible y coherente, y aunque no todos los días lo hablo con fluidez, aprenderlo me resulta un desafío apasionante.

Sé que en este desafío no estoy solo, lo veo cada día en mi entorno y mi comunidad. Personas que se han cansado de esconderse y culpar al otro, de renunciar a su esencia y creatividad en favor de la aprobación ajena, de medir su valor en función de los triunfos o baremos del mercado, de sentir que sus caídas no valían para nada. Personas que han decidido dar un paso al frente en sus historias y para quienes paradigmas como el «todo es perfecto» son tan escasos como ineficaces a la hora de conectar con la realidad que viven en el arduo proceso de construcción del mundo en el que creen.

Lo que empezó como una simple intuición acabó en convencimiento: negar el dolor, apartarlo o suavizarlo en exceso no nos está haciendo mejores personas. Ni con nosotros mismos ni con los demás. Llegar a integrarlo y naturalizarlo, por el contrario, no solo nos vuelve más humanos, sino que nos permite poner esta extraordinaria creación de la naturaleza a nuestro favor. Para aprender. Para distinguir cuál es necesario y cuál no. Para comprender el de los demás. Para lanzarnos tras los sueños sin calcular en exceso la caída. En definitiva, para quitarle la careta al dolor y comprender que, cuando se trata de fines nobles, exponerse siempre vale la pena.

Había nacido una nueva filosofía con la que mirar hacia delante. Un modo de vivir en la autenticidad y la conexión con la vida y con los otros de una manera honesta y vulnerable. Una forma de plantarnos ante nuestras experiencias que no excluyera los momentos difíciles, y que, lejos de disimular las heridas, las incorporara a la vida como medallas al valor.

Para sostenerse, esta filosofía debía reposar sobre unos pilares inamovibles. Descubrí que eran tres:

Implicación: la actitud deliberada de servirnos de la abundancia de la vida y convertirnos en los protagonistas de nuestras historias.

Autenticidad: el compromiso irreversible de despedir a nuestro personaje, dar la cara y vivir desde la aceptación, la verdad y la vulnerabilidad.

Coraje: la decisión irrevocable de seguir adelante a pesar de los miedos, la incomodidad y el dolor tras la pérdida.

Todos ellos constituyen la columna vertebral de este libro, y nos servirán de guía para desarrollar los diferentes temas que intervienen en nuestro crecimiento.

Junto al título de cada capítulo, encontrarás una referencia a una pulsera diferente. Si has viajado conmigo estos años, ya conoces el significado de cada una. De lo contrario, tienes toda la información al final del libro. Son la manera de recordarnos el camino de vuelta cuando perdemos la fuerza o la orientación. El anclaje a una filosofía de vida valiente que, si la trabajamos día a día, puede cambiar nuestro destino para siempre.

LA ESCALA DE LA VALENTÍA

No se me ocurre mejor manera de representar esta filosofía que a través de una escala:

Como puedes ver, la escala está dividida en números que van desde el 0 hasta el 10, donde el 10 representa el máximo grado de satisfacción o plenitud y el 0 justo lo contrario: el mayor nivel de insatisfacción o sufrimiento. Son los estados más extremos, y nos sirven para ubicar el resto de los puntos. Verás también unas *líneas de incertidumbre* que delimitan, por un lado, *los puntos dorados* y, por otro, *los puntos de sutura*. A la parte central la llamaremos *zona media* o de seguridad.

Los puntos dorados (7, 8, 9 y 10) son el amor, la conexión, la alegría, la realización, la ilusión, el éxito, el triunfo... Son dorados porque en el fondo de nosotros todos los querríamos para nuestra vida, como el oro. Por su parte, *los puntos de sutura* (0, 1, 2 y 3) son aquellos que, aunque nunca llegarían a matarnos, nos dejarán heridas que coser: el miedo, la desconexión, la tristeza, la frustración, la decepción, el fracaso, la derrota...

La principal particularidad de este mapa de valentía es que —como ya hemos comprobado— *los puntos dorados* y *los puntos de sutura*, a pesar de encontrarse en los extremos de la escala, no son contrarios, sino que viajan de la mano, y lo hacen, además, de manera simétrica. Es decir, el 10 con el 0, el 9 con el 1, el 8 con el 2, el 7 con el 3 y el 6 con el 4.

—¿*Y el cinco?*

El 5 es donde empieza todo. Es el punto en el que nacemos, el centro exacto de la escala. Una vez ahí cada uno elige sus aspiraciones y, con ello, cuánto de sí mismo quiere arriesgar. Eso sí, respetando siempre la simetría:

> » si no queremos exponernos al dolor del 0, renunciaremos también a la plenitud del 10; si no queremos rozar la tristeza del 1, tampoco acariciaremos la alegría del 9; si no queremos sufrir la decepción que hay por debajo del 2, no optaremos a los tesoros que están por encima del 8.

Y así sucesivamente: no más bajo, no más alto.

Y aquí es donde surge el gran interrogante. La elección vital que todo el mundo debe hacer tarde o temprano: ¿cuánto amor y conexión quiero llegar a sentir? ¿Cuánta alegría e ilusión voy a permitirme experimentar? ¿Qué porcentaje de mi propia vida quiero que me pertenezca?

A priori la respuesta es sencilla, «el máximo posible», pero la vida nos demuestra que no siempre es así, y aunque sobre el papel todos preferimos el 9 o el 10, lo cierto es que muchas veces no los elegimos por si caemos al 1 o al 0, conformándonos finalmente con el 4 o el 6 de *la zona media*. No porque no queramos más, sino porque así nos aseguramos no salir magullados.

¿Y qué es *la zona media*? *La zona media* es trabajar demasiado tiempo en algo que no amas y culpar al mundo. Es alargar hasta el infinito esa relación que ya no te llena o en la que no te quieren. Es seguir en el mismo entorno cuando tú has cambiado. Es decir «sí» cuando sientes «no». En otras palabras:

> La zona media *es cambiar la ilusión por el dinero, los sueños por la seguridad, la amistad y el amor por mera compañía, la conexión por encajar y la responsabilidad por la queja.*

Desgraciadamente, mucha gente la elige.

> *Toda armadura nació para proteger. De las flechas, de las espadas, de las lanzas y puñales. Pero también de la brisa, el sol y la caricia.*

> *¿Beso o torta? No será esa la elección que nos proponga la vida, sino esta otra:*
> *¿Todo o nada?*

LA CERTIDUMBRE ES LA MUERTE
DE LA AVENTURA

La certidumbre es la muerte de la aventura. Lo comprobé en Perú, a las afueras de Ica, cuando a dos países de
completar mi vuelta al mundo me acerqué a visitar por
unos días el famoso oasis natural de Huacachina. El
lugar era imponente. Estaba formado por una laguna
rodeada de dunas de hasta cincuenta metros de altura,
y solo las palmeras mediaban entre ellas.

Los desiertos siempre habían despertado mi curiosidad y nunca había estado en uno. Ya de niño, imaginaba
lo que sería estar en mitad de las dunas, subiendo y
bajando por ellas a temperaturas infernales por el día y
gélidas por la noche, con la arena clavándose en la piel
por el fuerte viento y bajo la constante amenaza de topar
con víboras, arañas y escorpiones mortales. Me pregun-
taba si sería capaz de sobrevivir en unas circunstancias
así, entre la desorientación y el hambre; entre el cansancio y la duda de si beber a sorbos o de un trago el agua
de mi única cantimplora, y donde solo el encuentro de
un oasis podía salvarte la vida.

Los *flyers* para discotecas, la propaganda para hacer
sandboard por las dunas y las señoras gritando por las
calles «¡Lomo saltado, 3 soles!» pronto me hicieron ver que

Lawrence de Arabia, si había pasado por Huacachina, desde luego no habría sido en mis mismas fechas. Intuyo que lo de «Arabia» cierra el asunto con bastante claridad.

Según cuentan —al parecer, equivocadamente—, Groucho Marx dijo en una ocasión: «Estos son mis principios, pero si no le gustan tengo otros». Cuando se trata del turismo, me ocurre algo parecido, y siento que hay dos tipos de personas: los que van a la playa con música, nevera y flotador de flamenco rosa y los que odian a los que llevan música, nevera y flotador de flamenco rosa. Yo soy de los segundos, siempre y cuando el flotador no sea mío. Vamos, que aquellos días el turismo no me convenía. Quería mi desierto desierto.

En situaciones así, suelo hacerme una pregunta: ¿qué puedo hacer con lo que tengo? Se me ocurrió una idea: hablaría con alguno de los conductores de *buggies* de la zona para que me adentrara en el desierto y me dejara allí solo por unas horas.

Necesité dos intentos. En el primero de ellos, el hombre se negó: «¿Dejarte solo? ¡Ni loco! Puede haber piratas y no voy a hacerme cargo». Un escalofrío me recorrió el cuerpo. Aquella información podía ser el fin de mi árido sueño… ¡o el principio de una gran aventura! «Si no encontraba cobras asesinas —pensé—, al menos tendría algo que contar.» Preguntaría a otra persona.

—Piratas acá no se encuentran —me aseguró un segundo conductor llamado Julio—. Piratas en el mar.

Sí, tenía su lógica. Iba a necesitar cobras.

El trato era el siguiente: él me llevaba diez o quince kilómetros dentro del desierto hasta la hora en que se pusiera el sol y yo... y yo le pagaba.

El camino fue muy divertido. No era un camello, pero ir saltando sobre dunas intactas a bordo del *buggy* tenía su emoción. Cuando ya estábamos lo suficientemente alejados, Julio se fue, dejándome allí solo. Ya sin el ruido de su vehículo, alcé la vista. El paisaje era de cuento. Montañas y montañas de arena fina y pura dibujaban un escenario interminable en el que yo no era más que un punto pequeñito en medio de la inmensidad. El silencio resultaba sepulcral, y hasta las aleatorias rachas de viento parecían respetarlo. Tenía por delante seis horas.

Al principio de mi experiencia me vi invadido por el entusiasmo. Corrí por la arena, dejé mis huellas sobre las crestas de las dunas y jugué a que llevaba varios días caminando por allí sin agua y apenas fuerzas. Como *buen* tuareg, saqué mi dron y empecé a tomar algunas fotos y vídeos del lugar. Hice planos de todo tipo: en parado, en movimiento, en círculo... y hasta un intento de hacer el ángel en la arena. ¡Sí, como en la nieve! Desde lo alto no se veían piratas ni peligros, como tampoco una sola pizca de realidad. Mi entusiasmo empezó a bajar. Aquello distaba mucho de mi sueño. Estaba en el desierto —¡claro que sí!—, contemplando su belleza, pero sin llevarme su verdad. Allí no había sed, ni sol abrasador, ni piratas o cobras. A cambio, llevaba una mochila con comida, tecnología y agua para regar un bosque, Julio vendría pronto a por mí y, para colmo, en el vídeo del ángel se me veían los calzoncillos. *Lawrence de Fanfarria*. [2]

De regreso al oasis, pensé sobre ello. *La escala de la valentía* me dio la respuesta:

Si en la aspiración a lo que quieres no existe riesgo o algo que perder, no es aventura.

Podía haber seguido fingiendo y aferrarme a la belleza singular del lugar, pero eso no cambiaría las cosas. Las *líneas de incertidumbre* me rodeaban por ambos costados sin que hubiera sobrepasado ninguna, lo que claramente encerraba mi experiencia en *la zona media*. De ahí mi desilusión. Eso sí, las fotos quedaron preciosas.

SOLTANDO LA CERTEZA

Definitivamente, dibujar *la escala de la valentía* me ponía ante una nueva tesitura, y experiencias como la de Huacachina eran el ejemplo perfecto para comprobar que estaba funcionando. Ya no podía engañarme. Ahora contaba con un medidor de exposición a la incertidumbre que me podía indicar a cada momento si estaba arriesgando o no, si estaba peleando por *los puntos dorados* o siendo conservador, lo que, nuevamente, cuestionaba la manera en la que antes percibía el mundo.

Cuando empecé a escribir sobre la valentía caí de alguna manera en el error de dividir el mundo en dos tipos de personas: a un lado, los valientes; al otro, los cobardes. En el fondo, hacerlo así tenía una función, y es que si escribes con pericia, al crear dos montones y excluir el resto, puedes movilizar fácilmente a un lector que, si tiene que elegir, claramente no querrá estar en el de los que se arrugan ante la dificultad. No obstante, y aunque sigo fiel a la idea de que ante cada situación hay siempre una opción atrevida y otra huidiza, me he dado cuenta de que no existe nadie que sea valiente todo el tiempo o cobarde toda su vida, sino que estas dos cualidades del alma se van intercalando a lo largo de nuestra existencia, haciendo que nuestra verdadera misión no sea quedar para siempre en el montón de los que ganan cada día al miedo, sino tratar de vencerlo en el mayor número de batallas.

La valentía, más que una etiqueta que se aplique a todo nuestro ser, es una promesa que muchas veces cumpliremos pero que otras, lamentablemente, no, teniendo que volver atrás para revisar y comprometernos a que la próxima vez que lo intentemos lo haremos un poquito mejor. Si alguna vez tienes la tentación, como yo, de hacer montones, te sugeriré que en esta ocasión hagas tres: en el primero, los que siempre se atreven a todo; en el segundo, los que nunca intentan nada; y en el tercero, los que unas veces se atreven y otras no. He conocido a personas de los dos últimos, pero todavía a ninguna del primero.

Si, como todo apuntaba, la magia ocurría superando *las líneas de incertidumbre*, ahora la decisión ante cada acción era mía. Daba comienzo un trabajo de desalojo de la certeza, donde tareas como mirar hacia dentro, confiar en los demás o aprender a vivir en el «no lo sé» iban a cobrar especial protagonismo. Empecé por considerar mi lugar real en el mundo, para así distinguir aquello que podía controlar y aquello donde era mejor dejarse llevar. Las sorpresas estaban aseguradas.

¡EL GIIIIIRO FINAAAL!

¿Has tenido alguna vez la sensación de que no aciertas una? Me refiero a planes o ideas de futuro que luego nunca resultan. No te preocupes, a mí también me pasa. Y a mis treinta y cinco años creo haber encontrado la razón: la vida es más grande que tú. Funciona así:

TÚ: Jamás tendré un novio que lleve tatuajes.
LA VIDA: Tu marido es el líder heavy de la banda Los Diablos y lleva más tinta que un calamar.

TÚ: ¡Chicos! ¡Id preparando los bañadores, que estas vacaciones las pasamos en un resort de Punta Cana!
LA VIDA: Es agosto y en Torrevieja este año han puesto en la playa castillos hinchables para los niños. Si te muestras amable, quizá te dejen jugar.

TÚ: En cuanto acaben las Navidades, adiós pastelitos. Pienso salir a correr todos los días.
LA VIDA: Segunda semana en el hospital. Para consolarte tras la ruptura de ligamentos de tu rodilla tus amigos no paran de llevarte bizcochitos.

Me ocurre constantemente: digo A y sale B; hasta el punto de que he empezado a verle la gracia. No a lo que ocurre —que a veces no tiene ninguna—, sino a la importancia que con frecuencia le doy a mis planes.

¿Y qué sucede para que las cosas terminen saliendo de una manera tan diferente? No tengo ni idea, pero he decidido ponerle un nombre: *¡El giiiiro finaaal!* (Es importante que lo pronunciemos en voz alta y tenebrosa, como la de un fantasma. Así: *¡El giiiiro finaaal!*)

Uno de los últimos *giiiiros finaaales* reseñables que he vivido quizá a ti también te suene a tu modo. Acababa de completar mi primera vuelta al mundo y estaba organizando la segunda. Con el fin de trazar una ruta sostenible para los siguientes nueve meses, saqué un mapa y empecé a calcular. Mi primera opción era iniciar el viaje en África, pero los altos costes y la falta de información me echaron atrás. Después, imaginé una vuelta al mundo en la dirección contraria a la anterior, como si así pudiera deshacer el camino andado. Aquello me parecía divertido, así que no lo hice, y terminé emprendiendo mi segunda gran aventura en la misma dirección que la primera. Cuando parecía que todo iba según lo previsto —rutas, fechas, etc.—, la vida se pronunció:

«¡Pan-de-mia!».

Me cogió en Australia, y solo por un día pude salir de allí y volar a Bali, lugar al que nunca quise ir por considerarlo demasiado turístico y donde no solo he sido más feliz, sino que he permanecido desde entonces. Perro incluido.

Algunas veces me imagino a unos duendecillos tumbados en sus nubes moviendo unos hilos, con su pijama de dormir, bostezando y soltando papelitos con palabras como «Tsunami», «Crack del 29», «Ciática», «Trillizos», y tú ahí abajo, sorprendido de que puedan llover papeles y con cara de pasmarote al ver que la realidad, una vez más, ha ignorado tus expectativas.

**No existe posición más arriesgada
que la de vivir siempre a seguro.**

Por eso cada día invierto menos en seguridad —y, créeme, controlar es algo que siempre se me ha dado bastante bien—. No porque crea que hay duendecillos, sino porque no dejo de asistir a un *giiiiiro finaaal* tras otro. En los viajes, en el trabajo, en el amor, en la concepción que tenía de mí mismo. Da igual donde queramos mirarlo. La vida tiene sus propias sorpresas y cerrarnos a *los puntos dorados* por temor a una caída es un coste demasiado alto. Sobre todo porque hay algunas que resultan inevitables, y la piedra con la que finalmente tropieces, si se empeña en que te caigas, no estará donde tú la esperes.

No hablo de estar predestinados, sino de conocer nuestros límites, abrazar la vida y vivir un poco más relajados. Al final, siempre hay fuerzas y variables que se escapan a nuestros cálculos, e intentar abarcarlas no es solo una misión imposible, sino que nos priva de escuchar lo que llevamos dentro para ser plenamente valientes, al tiempo que nos deja exhaustos.

A veces el mayor triunfo no es pelear hasta el final para provocar un resultado, sino rendirnos a lo que acontece, y no encuentro mejor escenario para abandonar la necesidad de certeza que lo que tenga que venir. Y una vez ahí, entonces sí, emplear todas nuestras fuerzas.

.rilas euq nagnet omoc sasoc sal naglas, laer sám nóisrev ut ne y ocitnétua odneis, seneit euq rojem ol odnad, euq onis, sarepse omoc naglas sasoc sal euq se on otixé lE.

El *giiiiiro finaaal* puede aparecer en cualquier lugar. A mí acaba de invertirme el texto, y no pasa nada. Me tocará aprender a leer desde el otro lado.

EL CACTUS Y EL GLOBO

Guardo con mucho cariño un cuento que escribí hace ya algún tiempo. Transcurre también en un desierto, pero, en esta ocasión, sin *buggies* ni discotecas:

> » Cuenta una historia que, hace algunos años, en el desierto de Arizona, vivían felices el señor y la señora Coyote. Cada día, el señor Coyote acudía puntual a ver el atardecer, llevando sus huellas hasta lo alto de la más alta duna. Aquel era su lugar favorito, pues desde allí podía contemplar todo el paisaje. Como la vida en el desierto transcurría despacio, el señor Coyote era capaz de enamorarse de cualquier pequeño detalle que alterara la normalidad. Así ocurrió aquella primavera, cuando un hermoso y delicado globo comenzó a sobrevolar el desierto hasta aproximarse a un apuesto cactus, alrededor del cual bailó y bailó durante horas. «¡Definitivamente se han enamorado!», pensó el señor Coyote para sí, y, corriendo como nunca antes, se dirigió a su madriguera para contárselo a su amada esposa.
>
> Las semanas pasaron y el hermoso y delicado globo seguía acudiendo a su cita con el cactus. Cada día un poquito más cerca que el anterior. Siempre fiel.

Una lluviosa tarde, el señor Coyote divisó desde su duna la más triste escena de amor que jamás hubiera podido imaginar: a los pies del apuesto cactus yacía el hermoso globo. El silencio se hizo aún más fuerte en el desierto. Desde hoy en adelante, ya no habría más bailes.

Al llegar apenado a su madriguera, la señora Coyote, sin mediar una palabra, abrazó con ternura a su esposo, quien dejó caer una lágrima antes de exclamar:

—¿No es a veces la vida injusta que, siendo el cactus el que pincha, sea el globo quien explote?

Aquel día el señor y la señora Coyote volvieron a renovar los votos de su unión, prometiéndose a la luz de la luna que, pasara lo que pasase, siempre se tratarían con amor.

Siempre hubo algo en este cuento que me dejó a medias, y creo que fue no haber encontrado un protagonista —el globo— que pudiera volver a intentarlo después de haber caído. Lo imaginaba en la arena del desierto, completamente roto y sin nadie que pudiera decirle «¡Eh, no pasa nada, fuiste valiente, la próxima irá mejor!», porque no habría próxima. Por el contrario, la simple idea de imaginar al cactus en pie, impasible, con la vida por delante, y todo por el hecho de haberse quedado quieto y protegido por sus pinchos, me hace sentir que esta fábula deja un mal mensaje, y solo el aprendizaje del señor y la señora Coyote —unido a su sentimiento de injusticia— hacen que la historia acabe con un final esperanzador.

EL RINCÓN DE LLORAR

Y es que resulta difícil no conectar con el corazón de alguien que lo ha dado todo, abrazarlo y sentir el deseo de decirle «Bien jugado, a pesar de todo». El problema está en que el corazón herido es a veces el nuestro, y nos cuesta un mundo concedernos esa misma mirada amable. Basta con haber sufrido unos cuantos tropiezos para recordar alguna situación en que nos dijimos algo parecido a «¡Esta es la última vez que me implico, a partir de hoy, que arriesguen otros!». La lucha por seguir firmes con el plan a veces es titánica y desoladora, y por mucho que comulguemos con la filosofía del intento, no faltan las ocasiones en las que salta la resistencia y la profunda sensación de que quien gana es el que se mantiene en pie.

Cuando esto ocurre, necesitamos volver a la esencia de *la escala de la valentía*:

Existe un modo de vida en el que nunca te ocurrirá nada malo. En el que, hagas lo que hagas, siempre estarás a salvo. En él, tus sueños nunca se verán cuestionados, no verás lo equivocado que estás y, por supuesto, nadie te partirá el corazón. Y tal vez pienses que un sitio así debe ser el paraíso, que es justo lo que ahora necesitas y que, de existir, mejor saber cuanto antes su dirección. Pero no es así. Por cada centímetro que le recortas a la posibilidad de sufrir, hay otro que le recortas a la posibilidad de vivir. Buena forma de evitar heridas, sí, pero también de perderse los momentos y aventuras más extraordinarios de la vida.

Yo hace tiempo que me inventé un rincón para abrazarme. Es un espacio donde no hay cabida al juicio por el resultado, sino por la entrega. Lo llamo *El rincón de llorar*, y como me muevo mucho lo instalé en las estrellas. Si me encuentro en el hemisferio norte, busco la más brillante, la Polar, y si me encuentro en el hemisferio sur, recorro el firmamento con la mirada hasta hallar la estrella más al norte de la Cruz del Sur. Cuando por alguna razón no doy con ninguna, busco las tres estrellas juntitas que pueden verse desde cualquier punto del planeta y que conforman El cinturón de Orión. He recurrido a ellas en muchas ocasiones a lo largo de estos años, a veces por causas importantes y otras por razones que, aunque tenían menos peso, también me hirieron. Y en todas ellas había algo en común: di lo que tenía para conseguir algo bonito y no salió. Sé que no tiene mucho sentido, que las estrellas no hablan y que, por supuesto, no van a cambiar lo ocurrido, pero al guardar silencio permiten que me escuche y recuerde que el motivo de lanzarme no tiene nada que ver con ganar, sino con vivir de acuerdo a lo que creo.

GANAR PERDIENDO

Existen dos tipos de derrota: aquella que es el simple resultado de no haber logrado lo que esperabas, y aquella que, además, permites que te demuela por dentro. La primera puede llegar a ser muy dolorosa, pero es la segunda la que empequeñece nuestra vida, llena nuestro corazón de arrepentimiento y evita que volvamos a intentarlo.

Y es que se puede ganar perdiendo y se puede perder ganando. La diferencia está en cuánto pones de ti. Si no lo consigues, pero por medio del esfuerzo y la entrega reclamas tu derecho a intentarlo y experimentar, el triunfo es indiscutible.

Acéptalo de una vez. Jamás vas a arrepentirte de lo que hagas cuando en el intento hayas puesto toda tu alma. El arrepentimiento es mucho más que apostar por algo, fracasar y decir con ventajismo «¡Vaya, pues debí haber elegido la otra alternativa!». El arrepentimiento es la sensación profunda e interior de no haberse equivocado con todas las de la ley, de haberse equivocado a medias.

Si aún sueñas con algo, si todavía crees que en el rincón de la gloria hay una silla para ti, acude con amor a por ella. Y si el destino quiere que nunca llegues a sentarte, no sientas lástima de ti, pues con el tiempo comprobarás que no se trataba de eso.

Cuando nos vayamos de aquí, el único dolor que nos quedará no es el de habernos caído una, diez o cien veces, eso siempre se supera. El único dolor que nos quedará es el de no habernos agarrado con dos manos a la vida. El de no habernos lanzado con todo nuestro ser.

Por mi parte, lo tengo claro: vale más ser el peor de los que lo intentaron que el mejor de los que nunca se atrevieron.

La vida no va de ganar o perder, va de jugar. Y hace falta mucho coraje para saltar a la pista sabiendo que tal vez acabemos con la cabeza en la lona, pero ahí está la magia de la valentía, en la parte que ponemos de nosotros. Decir te quiero aunque puedan rechazarnos, preparar toda la fiesta aunque no venga nadie o apostar por el proyecto de tus sueños sin garantías; nada de eso es un combate contra otro, sino una mirada hacia uno mismo. Inclinarnos por «cómo quiero vivir» y no por «cómo quiero que salga» es una elección que puede cambiarnos la vida. El ganador al final del camino no es el que se fue con menos derrotas en el casillero, sino el que pudiendo elegir entre amor o miedo se decantó más veces por la primera opción. El viaje es arduo y no faltarán heridas que cicatrizar —como las de El Chacal—. Tampoco caídas. Pero hay que levantarse, seguir bailando mientras la música suena. Porque un día los duendecillos relajarán sus hilos, y la misma fuerza que unas veces no sirvió de nada, tal vez en la siguiente ocasión nos conceda la victoria.

Definitivamente, no es el cactus el que debería sentirse orgulloso de permanecer en pie, sino el globo, por haber caído apostando por lo que sentía.

¡Bienvenido a la filosofía de la valentía!

PRIMERA PARTE

IMPLICACIÓN

La actitud deliberada de servirnos de la abundancia
de la vida y convertirnos en los protagonistas
de nuestras historias.

1

Vivir enamorados

Pulsera Implicación (Amarilla)

> Hay que tener un amante. ¿Y qué es un amante? Alguien o algo que nos ponga de novios con la vida y nos aparte del triste destino de durar.
>
> JORGE BUCAY

Siempre he amado las playas tropicales. La primera vez que vi una no fue en el propio destino, sino en un centro comercial. Tenía ocho años, pero lo recuerdo como si fuera ayer. Estaba con mi padre, y mientras él compraba algo para la cena, yo me quedé en la zona de juguetería, exagerando mi apasionamiento con cada *cosa* que encontraba por si me veía en la distancia y caía algún regalito inesperado. No ocurrió. Finalmente, y tras repasar toda la sección de G. I. Joe, *Caballeros del Zodiaco* y *Bola de dragón*, mis ojos fijaron su atención en un rincón repleto de pósteres de pared. Allí había fotografías de todo tipo, pero a lo grande, claro: el jedi de la espada verde de *Star Wars*, Oliver Atom y el portero que nunca jugaba, el planeta Tierra visto desde el espacio, coches que nunca tendré… Había hasta una chica en biquini haciendo una pose extraña en la orilla de una playa. «¿Por qué harán esas cosas? ¿Estarán bien?» Fuera por la razón que fuese, ninguna fotografía pudo hacer frente a la más bonita de todas. Yo nunca había visto algo así, y mis ojos no podían creer tanta belleza. Recostada en horizontal de un lado a otro, partiendo de una arena blanca como la harina y volando sobre un mar turquesa, estaba la palmera perfecta. Era como mirar un sueño. Si de verdad existía esa playa, deseaba verla cuando fuera algo mayor. A sus pies, unas letras decían: «Cancún, México».

Nunca llegué a ir, y parte de la explicación se debe a que desde aquel día comencé a hacer una lista de las playas más bonitas que iba encontrando en revistas primero y, con los años, en redes sociales. Poco a poco, Cancún fue perdiendo posiciones:

1. Bora Bora (Polinesia Francesa)
2. Seychelles
3. Maldivas
4. El Nido (Filipinas)
27. Cancún (México)

LA PLAYA MÁS BONITA DEL MUNDO

El fin de aquella lista era visitar esos lugares algún día, así que, cuando planeé mi vuelta al mundo, la saqué del cajón. La examiné despacio, al tiempo que realizaba búsquedas en Google. A continuación, revisé mi cuenta corriente y no hubo debate. Lo vi tan cristalino como las aguas de las playas candidatas:

—¡Que se abra la puerta cuatro! ¡El Nido!

Si has estado en El Nido recordarás sus increíbles atardeceres, y si no has estado, te diré algo: imagina una paleta de colores que va desde el morado más intenso hasta el amarillo, pásalo por un rosa fucsia y sitúa delante unas cuantas islas para completar el escenario. ¡Alucinante! El problema que tiene este rincón de la isla de Palawan es que, como ocurre con las cosas más bellas, todo el mundo quiere estar cerca, lo que afecta a la conservación de este enclave paradisíaco. Como medida de prevención, desde hace unos años han limitado los tours por las islas de alrededor a cuatro, y estos solo puedes realizarlos en barcos llenos de otros turistas —eso o pagar un alto precio por un barco privado— y siempre con horarios pactados. En resumen, no puedes moverte libremente y, por tanto, encontrar las playas vacías, ni siquiera madrugando.

No me gusta esta manera de moverme, especialmente cuando se trata de parajes naturales. Creo que la belleza de la naturaleza está en verla libre de humanos o, al menos, libre de tantos humanos. Sé la incoherencia que encierra esto, pues yo soy uno más en mitad del lugar, pero eso no es incompatible con sentir un desagrado visual al ver unas playas de completo ensueño repletas de turistas haciéndose *selfies* sobre la arena o nadando con sus chalecos naranjas en las prístinas aguas. Aún recuerdo mis ganas de llorar al bajar de los botes en cada una de las paradas y escuchar «¡Tenéis media hora antes de volver a zarpar!». Me había cruzado medio mundo y no estaba viviendo lo que esperaba. Lo que en esencia era bello se había vuelto *feo*, y mi niño de ocho años se encontraba decepcionado.

**Cuando no encuentras lo que buscas,
tienes dos opciones: quedarte lamentando
o salir a por ello.**

Al llegar al hostal tuve tiempo para reflexionar. De nada sirve llorar por lo que te gustaría que fuera. Puedes hacerlo unos minutos, pero después te toca actuar. Por alguna razón, yo suelo hacerlo en kayak. Esto es algo que se ha repetido en varias de mis aventuras. ¿Quieres llegar adonde nadie te lleva y a la hora que tú quieras? Móntatelo tú mismo. ¡Invéntate la vida!

Y así lo hice. Al día siguiente alquilé un pequeño kayak amarillo y lo lancé al agua rumbo a una playa de la que me habían hablado, Papaya Beach. En realidad, creo que formaba parte de uno de los tours, pero a esa hora de la tarde ya no había botes. Aún hoy dudo si visitarla por cuenta propia era algo permitido, pero opté por preparar un perdón antes que un permiso. Subí a la embarcación sin pensármelo y remé durante varias horas hasta...

—*Pablo, ¡no exageres y cuenta la verdad!*

—*Jo, pero es que...*

—*La verdad.*

Y remé durante media hora hasta llegar al ansiado destino. Una vez allí, me costó dar crédito a lo que encontré. A excepción de una pareja y unos pescadores que no tardaron en abandonar el lugar, no había... ¡nadie! ¡Lo había logrado! El lugar era mágico. Había palmeras, arena blanca y agua transparente, todo ello recogido entre unas rocas que daban a aquella playa la forma de una pequeña bahía. Tal vez no fuera tan bonita como las de las excursiones en botes turísticos, pero esta era la mía, la que yo había *descubierto*, a la que había llegado por mis propios medios, remando, apostando por tomar la iniciativa y arriesgando a que pudieran echarme atrás. ¡Y sin gente! Me sentí como si estuviera en el póster de aquel centro comercial, con la palmera y mi padre —quien ya no puede estar cerca— dentro de mi corazón. Y todo eso bastó para cambiar el ranking de mi lista de playas perfectas para siempre:

1. Mi playa
2. Bora Bora (Polinesia Francesa)
3. Seychelles
4. Maldivas
5. El Nido (Filipinas)
28. Cancún (México)

Aquel día no solo descubrí la playa más bonita del mundo, sino que comprobé en carne propia el secreto de vivir enamorados: poner en la historia algo de ti. [3]

**Los amores más importantes de la vida
no se encuentran, se construyen.**

EL MILAGRO DE VIVIR IMPLICADOS

Cuando en enero de 2013 inicié mi proyecto de desarrollo personal, dediqué muchas horas a investigar la pasión y la ilusión. Me parecían unos temas fascinantes, dado que por aquel entonces el entusiasmo se había convertido en mi verdadero compañero de vida. Acababa de dejar mi trabajo como ~~creador de contenidos~~ portador de cafés en una agencia de comunicación y me había mudado con mis ahorros a Belfast, en Irlanda del Norte —ciudad que ya conocía de mi año de Erasmus—, para empezar desde allí el sueño *loco* de escribir sobre crecimiento e inspiración. Fue una etapa marcada por la ilusión de iniciar un camino propio y por la alegría de vivir cada día nuevas experiencias, y quería saber todo cuanto pudiera sobre este estado del *alma*, así como de las personas que no se sentían de este modo para echarles una mano de alguna manera. Comencé por la cara oscura: estudiar el desánimo, la tristeza y la desmotivación, esperando descubrir qué nos pasa por dentro cuando nos invaden todos estos sentimientos y cómo podemos lidiar con ellos. Llegué a algunas conclusiones interesantes, sin embargo, no fue hasta que empecé a indagar en su polo opuesto —la pasión, la alegría y la motivación— cuando obtuve mis descubrimientos más sorprendentes.

El más importante de todos fue comprobar cómo la principal diferencia entre estos dos extremos emocionales no tenía que ver tanto con los acontecimientos externos como con el grado de implicación que desarrollamos con la historia en la que nos encontramos. O, lo que era lo mismo: llegar a vivir con pasión y dicha es el resultado de una actitud elegida y practicada.

Aquel hallazgo explicaba a la perfección lo que años después me ocurriría en El Nido, al tiempo que me dejaba un pósit en mi recién estrenado *Cuaderno de tareas*:

* * NOTA SEMANAL: Llamar al *Club de la queja* para pedirles que me reduzcan la jornada.

Desde entonces, sigo observando el ánimo de la gente, como también el mío, y la pauta sigue intacta: la mayor parte de la desazón que sufrimos proviene de no sentirnos parte de nada, lo cual, a su vez, no deriva de la ausencia de recursos y experiencias brillantes a nuestro alrededor, sino de la falta de interacción con ellos. De no remar nuestro propio kayak.

Los motivos para no vivir de una manera comprometida e involucrada pueden ser varios: desde la pereza, la vergüenza o el miedo, hasta el simple desconocimiento de sus beneficios sobre nuestra vida. Sea como sea, la falta de implicación siempre afecta a nuestro propósito de salir de *la zona media* y recoger los tesoros que se esconden en *los puntos dorados*.

Sí, a veces es agotador y no siempre hay recompensa. Y sí, hay momentos en los que la espiral del desánimo nos arroja cuesta abajo, robándonos el control y las ganas de probar algo diferente. Pero hay que intentarlo. Hemos de saltar en marcha. Lo sé porque he caído en su trampa muchas veces:

– La trampa de querer decir que «no» a todo.
– La trampa de sentirme vacío en mitad de la abundancia.
– La trampa de creer que la fuerza siempre debía provenir del exterior.

Pero ya he aprendido dónde está el primer peldaño. Ahora, cada vez que me veo en una etapa falto de alegría e ilusión, la primera pregunta que me hago es la siguiente:

«¿Cuánto te estás implicando con la vida?».

La respuesta siempre es poco. Ha empezado la remontada. Pulsera amarilla y en marcha.

LOS DOS TIPOS DE ENAMORAMIENTO

Cuando busco alojamiento para mis viajes, con frecuencia doy con reseñas de un mismo hostal parecidas a estas:

CLIENTE 1: Horrible. No vale el precio que se paga. El agua de la ducha salía helada y por la noche el ruido de las ranas hace imposible dormir. Por si fuera poco, el wifi va tan lento que es como si no tuvieras nada.

CLIENTE 2: Maravilloso. Un sitio ideal para conectar. Por la noche, ¡hasta se oía croar a las ranas! No tiene agua caliente, pero es perfecto para sofocar el calor del lugar. Doy gracias de que no funcionara internet, de lo contrario no hubiera conocido a los chicos con los que acabé yéndome de ruta. Volveré.

¡Caray! ¡Parece que hablen de distintos lugares! Sin embargo, solo una cosa ha cambiado: la forma de mirar. Una de las consecuencias de vivir en una cultura que venera en exceso la comodidad es que tiende a dejar la satisfacción en manos de unas circunstancias que, de no ser las deseadas, no permitirán que vivamos enamorados. En mi opinión, esto supone una gran pérdida de recursos, ya que nos mantiene a la espera de que lo que suceda fuera coincida con lo que esperamos dentro, limitando un mundo enormemente rico al tamaño de nuestras expectativas. Por ello, me gusta distinguir entre dos tipos de enamoramiento, el externo y el interno:

> » *El enamoramiento externo* es aquel en el que no tienes que hacer nada para sentirte fascinado. Es una flecha que te atraviesa sin pedirlo, súbitamente. Es aquel en el que te encuentras en aquellas líneas de Cortázar, donde dijo: «Uno no elige la lluvia que va a calarle hasta los huesos». Es ese chico o esa chica con quien de primeras ya vuelas, o ese lugar que nada más pisarlo ya te encanta. En definitiva, una forma de enamorarse de manera rápida e intensa en la que no has de tomar acción.

> » *El enamoramiento interno*, por su parte, no sucede por casualidad, sino por deseo y predisposición. Es el fruto de una actitud que consiste en abrir los ojos a conciencia y formar parte del contexto. Es esa fiesta que pintaba aburrida hasta que organizaste un karaoke, o ese viaje en autobús que solo empezó a ser interesante cuando le preguntaste al hombre de tu lado a qué se dedicaba. Dicho de otra forma, es el tipo de apasionamiento en el que no te enamora la historia, sino ser uno de sus protagonistas.

Ambas capacidades de enamoramiento están presentes en cada persona. Todos tenemos dentro a ese *cliente 1* capaz de quejarse por todo y medir la vida por lo que *falta* en lugar de por lo que hay. A veces es buscando a la pareja perfecta o a los amigos ideales; otras, una casa o un plan diez. Las formas son ilimitadas, pero en todas hay un denominador común: hemos decidido echarnos a un lado. La buena noticia es que junto al *cliente 1* también habita un *cliente 2* que en todo es capaz de ver ingredientes para construir una nueva historia. El ejemplo del hostal es real, ocurrió en Camboya, pero lo he observado en infinidad de lugares. Visto desde fuera parece evidente quién es interiormente más rico. Yo lo tengo claro:

> Tú, por haber descubierto que para vivir enamorado tienes que pasar a la acción.

La relación entre acción y amor es bidireccional. Con frecuencia, la gente espera a amar algo para hacerlo. Esa es la forma tradicional: «Amo bucear, luego buceo».

Pero también ocurre al revés: solo cuando participo de una acción puedo llegar a amarla: «Amo el buceo en la medida en que lo hago».

Llevarle flores aunque no sea el aniversario. Preguntar qué tal estás y escuchar la respuesta. Poner una rodaja de limón en la Coca-Cola. Tocar las plantas y oler su aroma. **IMPLICACIÓN** *Preguntar el nombre a las personas. Pararte a mirar el paisaje después de hacer la foto. Sacar el vino bueno. Probar una fruta nueva. Llamar a tus abuelos. Ahora. Aprender las expresiones básicas en el idioma del país en el que estás. Sonreír al cajero aunque por dentro estés roto. Celebrar los pequeños triunfos.* **IMPLICACIÓN** *Encargarte de organizar un plan con los amigos. Bañarte en el mar aunque el agua esté fría. Madrugar para ver amanecer. Ponerte un sombrero de cocinero para cocinar. Y ópera. Decorar la casa en Navidad. Hacer una pregunta en una conferencia. Aprender un baile. Ser el primero en aplaudir cuando algo te gusta. Hablar con desconocidos. Hacerte un regalo por tu cumpleaños. Acoger a un animal. Curiosear la historia de la ciudad que visitas.* **IMPLICACIÓN** *Memorizar las fechas importantes de los tuyos. Cenar con velas y música de piano. Dejar una reseña en un producto. Escribir una carta a mano. Decir te quiero a quien quieres.*

¿Cómo vas a jugar hoy con la vida?

LA DECISIÓN DE JUGAR CON LA VIDA

Si mi primer viaje a Filipinas fue en busca de playas de ensueño, la intención del segundo, un año después, era adentrarme un poco más en la vida y costumbres de su gente. Bueno, y ya que estaba, ir a la búsqueda del pez más grande del planeta, el tiburón ballena. Para esto último, y con el fin de evitar alimentar el circo animal en el que incurren algunos negocios de este país, me fui a una isla alejada donde, de tener suerte, podría encontrarlo en su hábitat natural. No diré el nombre del lugar para preservarlo, tan solo que cuando pregunté por él la primera vez me dijeron que quedaba más o menos «donde Cristo perdió la chancla».

Llegar allí requirió todo un despliegue de medios de transporte: avión, ferris, autobuses, ciclotaxis... Finalmente, y tras varios días de búsqueda apasionada, sufrí la gran decepción: ¡la chancla de Cristo no estaba! A cambio, cinco ejemplares del gran tiburón ballena —o como allí lo llaman, *butanding*— bailaron dentro del agua a mi alrededor durante largos minutos. Fue algo absolutamente sobrecogedor, y si existe alguna manera para describir el sentimiento de inconmensurabilidad y pequeñez, yo la hallé bajo aquellas aguas. Creo que hay cosas que todos deberíamos ver. [4]

La experiencia con los tiburones ballena solo fue una pequeña parte de la aventura. Como digo, el objetivo principal era aproximarme a la cultura filipina. Elegí este país por la recomendación de muchos viajeros, quienes, además de sus playas y rincones, siempre exaltaban el carácter amable y hospitalario de sus habitantes. Esto es algo en lo que yo no había reparado en mi primera incursión a las islas, ya que había centrado mi atención en zonas turísticas y apenas me brindé la posibilidad de socializar con ellos. En esta ocasión, quería ver más allá.

Pasar a formar parte de algunas de las actividades diarias de los filipinos suponía todo un desafío para mí. Siempre he sido una persona que ha amado integrar a los demás, pero cuando se trata de pedir permiso para participar de las actividades de otros, me hago pequeño y me quedo atrapado en la vergüenza. Esto es algo que me ha perseguido desde niño: prefería mil veces ser el que llevaba el balón y ofrecía jugar a todos antes que acercarme a los chicos y pronunciar la, para mí, *terrorífica* frase «Hola, ¿se puede?». Intuyo que es el miedo a que me digan que no, o a que me digan que sí por compromiso, no lo sé, pero el hecho de ser consciente de que con esta actitud no hago más que perderme partidos me sitúa en la posición de saber que hay algo que cambiar. Filipinas podía ayudarme en esta misión.

Empecé con el baloncesto, el deporte más practicado en este país. La consigna era sencilla: *grupo de personas que veas jugando, grupo en el que intentas entrar*. Como experto durante años en esquivar la incomodidad, hice cuanto pude por evitar la ocasión, y durante los primeros días me dediqué, entre otras cosas, a buscar tortugas [5] y almejas gigantes en el mar [6], donde, que yo sepa, aún no se juega al baloncesto. ¿Sabías que hay almejas que llegan a medir más de un metro de ancho? Yo ahora sí, como también que por muchas veces que le demos al botón de posponer, hay un momento en el que nos tenemos que levantar igualmente.

En la era de las oportunidades el vencedor es aquel que toma decisiones.

El primer grupo de chicos que jugaba al *basket* lo encontré de camino a un restaurante. Tendrían entre ocho y diez años, y para integrarme utilicé la técnica de la cámara, esto es, fingir que solo pretendo hacer unas fotos y esperar a que alguien me pregunte si quiero jugar. ¡Funcionó! El problema era que eso no solucionaba mi dificultad para pedir. La segunda vez ya lo hice mejor. Dejé mi mochila en la grada y me acerqué a preguntar. Estos ya no eran niños, sino adultos, y lejos de negarme la entrada me animaron a participar con una gran sonrisa. ¿Era cosa mía o, a pesar de ser el peor jugador del campo, todos querían pasarme la pelota?

Los días pasaron y los partidos se sucedieron, cada día en un lugar distinto. A veces con adultos y otras con adolescentes o niños. Yo las fallaba casi todas, pero eso no importaba, estaba jugando sin haber llevado yo el balón. Su cercanía me dio las alas que me faltaban, y la maquinaria de la implicación empezó a carburar. Del baloncesto pasé al billar, y del billar a los saltos de trampolín, las barbacoas y los pillapilla con volteretas por la playa. En una ocasión, incluso, pude cumplir uno de los sueños de mi infancia: salir a pescar con la gente local. [7] Ocurrió mientras paseaba por una playa, cuando topé con un grupo de pescadores que andaba limpiando sus redes. Por medio de gestos, traté de mostrarles mi interés en salir con ellos a faenar, hasta que uno de los hombres finalmente logró entenderme, pronunciando dos palabras que me resultaron familiares: «martes» y «seis».[2] Eran la fecha y hora de la siguiente partida. Allí estaría.

2. En el idioma bisaya, los números y los días de la semana se dicen como en castellano, fruto de la herencia española tras su llegada en el siglo XVI.

Salimos puntuales. El sol ascendía sobre el mar y el barco estaba listo. Era estrecho y no muy largo, con unos patines a los lados para mantener el equilibrio sobre las olas. Debido a su reducido tamaño, los diez tripulantes que subimos a bordo tuvimos que apretarnos para poder entrar junto a las redes y cajas donde se guardaría el pescado. Todos me miraban y me decían cosas que yo no entendía, como yo a ellos. Daba igual. No nos unían las palabras, sino el entusiasmo y la curiosidad. Parecían encantados, y cada vez que nos cruzábamos con otros barcos pesqueros gritaban orgullosos mientras me señalaban: «¡Pablo! ¡Spain!».

El objetivo de la pesca era un pez que ellos llaman *baló*, parecido a la barracuda, y el método de captura era similar a la almadraba, según el cual varios barcos unen sus redes para cercar a los peces que quedan en el interior. Una vez en posición, y tras tirar con fuerza de las cuerdas para reducir el perímetro y acercar a las futuras capturas, se lanzan al mar con la única ayuda de unas gafas para, desde ahí, cogerlos con las manos. Es una práctica algo arriesgada, dado que estos peces tienen un pico duro y puntiagudo que en su intento de defenderse puede llegar a herir a los pescadores. Yo les observaba, primero desde el barco y después desde el agua, viendo cómo, uno tras otro, sacaban decenas de ejem-

plares de hasta un metro y medio de longitud. Era fascinante. Y cruel. Y real. Y necesario para estas comuni-
dades.

La jornada terminó con el barco hasta arriba de pescado. Ya de vuelta, todo el poblado me esperaba en la
orilla. Había corrido la voz de que un extranjero andaba
con ellos y querían conocerme. Fue algo inolvidable.
Pasamos el día entre tragos de cerveza, barbacoas y canciones de los Beatles. Justo cuando me iba, el más *viejo*
de los pescadores se acercó a mí y me regaló una de las
capturas. Así que ahí estaba yo, de regreso al hostal
sobre mi moto con un pez de un metro sobre el hombro,
sin saber qué hacer con él y con la confirmación de que
tan importante como llevar el balón es animarse a jugar
en los partidos de otros.

**Permitir que otras personas nos den lo que tienen
es también una forma de dar.**

A día de hoy sigo trabajando con mi vergüenza, y esta
segunda experiencia en Filipinas se ha convertido en un
gran anclaje en el que encuentro momentos incómodos
y vulnerables, pero también mis deseados *puntos dorados*.

LA ESENCIA DE LA CONEXIÓN

Durante la mayor parte de mi vida he hecho lo posible por ser alguien independiente. Alguien capaz de no necesitar a los demás. Por algún motivo, pensaba que eso me hacía más fuerte y valioso. De la misma manera, he tendido a sentir que estar en el punto de mira de la generosidad de otros hablaba de la parte de mí que yo no había sido capaz de crear por mis propios medios, y que si recibía, estaba firmando un contrato en el que debía devolver algo después. Algo que tal vez no quisiera entregar. Esta es la razón por la que si podía elegir entre dar o recibir, me inclinaba por dar, y si me ofrecían algún tipo de ayuda, me sentía más cómodo rechazándola.

Lo que no sabía es que, al negar mi necesidad, negaba cualquier posibilidad de verdadera conexión, la cual solo surge cuando participas del juego completo: dar y recibir.

Y es que dar y recibir no son opuestos, sino partes de un mismo circuito, se necesitan. Tanto el que solo da como el que solo recibe acaba por romper el flujo de unidad que por esencia nos define.

Resulta curioso cómo algo en apariencia tan difícil de explicar —como es la conexión—, en realidad no funciona distinto a una merendola o una cena entre amigos, donde cada uno lleva lo que tiene, pero se sirve de lo que traen los demás.

Tal vez ese sea el secreto.

Si en lugar de intentar valernos siempre por nosotros mismos nos animáramos a dar lo que tenemos y a acoger lo que otros nos ofrecen, pronto descubriríamos que no solo no somos débiles, sino que poseemos la mayor de las fortalezas, aquella que cuenta con toda la riqueza que los demás atesoran.

No tenemos que hacerlo todo solos.
Y es un regalo que así sea.

Amar es conectar.
Y conectar es participar de la fiesta de la vida.

La fuerza es de los equipos.

LO QUE SE PIERDE SE PIERDE

En la ciudad de Varanasi, en la India, casi todo gira en torno a la muerte. Posiblemente, la actividad más reconocida sean los ritos funerarios de los *gaths*, unas gradas de escalones de piedra que bordean la ribera del Ganges. Allí acuden cada año miles de hindúes para despedir a sus familiares muertos en una compleja ceremonia de cremación pública que concluye con la deposición de las cenizas del fallecido en el río sagrado. A través de este ritual, el alma se libera de las *mil* vidas de sufrimiento y accede al nirvana, poniendo fin al ciclo de muerte y reencarnación.

El primer día que acudí a una de estas ceremonias quedé sobrecogido. Era de noche y la orilla del Ganges estaba repleta de gente. Uno tras otro, iban llegando grupos de familias y amigos con sus difuntos embalsamados. Cuidadosamente, y tras bañarlos en el río, los colocaban sobre una pira de maderos, donde los hacían arder hasta que no quedaba nada de ellos. En solo unas horas, la persona que días antes latía, se había convertido en cenizas. En mi cabeza no dejaba de sonar una frase: «¿Y ya está? ¿Eso somos?». Parecía que sí. Había perros alrededor, esperando a que cayera algún hueso del fallecido con el que poder alimentar sus raquíticos cuerpos. Cuando esto sucedía, se acercaban con calma, lo agarraban con sus dientes y salían corriendo para rebañarlo en privado. Desde los *gaths* aquello se veía como algo cotidiano. «¿Por qué a veces nos creemos tan importantes?» No había tiempo para pensar. Era el turno del siguiente. [8]

Pero la muerte en Varanasi es mucho más que eso. Lejos de las escalinatas del Ganges, pude asistir una mañana a algo que con los días se hizo habitual. Me encontraba desayunando en un café cuando pasó por mi lado una caravana humana que portaba a hombros a un difunto. Sobre el cuerpo, recubierto de telas y flores, caían cientos de monedas lanzadas por los familiares. La mayoría de ellas terminaban por el suelo y eran recogidas instantes después por niños pobres de la ciudad que nada tenían que ver con el fallecido. Aquello llamó mi atención: ¿cómo era posible que en un país donde la escasez marca el ritmo de vida se permitieran arrojar el dinero de esa forma? Me giré para preguntar a un hombre que desayunaba a mi lado, quien me dio la respuesta:

—Las monedas que lanzan al aire son las que la persona fallecida no usó en vida. Aquí a nadie pertenece lo que no se ha utilizado. Lo que se pierde se pierde, *my friend*.

Sus palabras me dejaron enmudecido y pensativo, momento que aprovechó una enorme vaca para comerse mi última tostada. Tenía su cabeza sobre mi mesa y, pasando su larga lengua por mi plato, me miró fijamente. Tras una breve pausa me susurró algo al oído: «A mí no me riñas, que te lo acaban de decir: si te despistas, te lo pierdes».

LA PERSONA MÁS RICA DE LA TIERRA

Una de las mejores cosas de viajar solo con una mochila es que tardas muy poco tiempo en elegir qué ropa vestirás ese día. La razón es sencilla: si tienes tres pantalones y cada uno de ellos solo combina con dos camisetas, a nada que te pongas el que no se está lavando ya tienes casi elegido el vestuario para la nueva aventura. Lo mismo ocurre con el resto de los objetos que portas, en mi caso, tecnología para trabajar (ordenador y cámaras) y algunos productos de aseo. A primera vista, podría parecer que no es mucho, pero pronto aprendes a valerte con lo que hay en lugar de con lo que podría resultarte perfecto. Cuando vives así durante mucho tiempo, te replanteas algunas ideas que habitualmente dabas por sentadas. Una de ellas es si no tenemos demasiadas cosas que no necesitamos o, lo que es peor, si no invertimos mucho tiempo de nuestra vida trabajando para comprarlas.

En el mundo viajero, el problema no es viajar con poco, sino con mucho, y repetir vestuario una o dos veces a la semana es una nimiedad al lado de lo que vas a hacer con toda la fuerza que te deja no cargar la espalda con decenas de cachivaches secundarios.

Personalmente, creo que vivimos en un mundo de falsa abundancia, donde tendemos a medir nuestra riqueza en función de las cosas que poseemos. Y esto es un error. El caso del difunto de Varanasi es un buen ejemplo: su riqueza no era igual a la suma de monedas que acumuló en vida, sino a la suma de monedas que utilizó antes de su muerte. Las demás no le sirvieron de nada.

Y aquí está el secreto: la verdadera abundancia no tiene que ver con la posesión, sino con el uso, y para esto no hace falta que algo nos pertenezca, sino que nos sirvamos de su existencia, que lo disfrutemos. Los amigos, la familia, la naturaleza… nada de esto nos pertenece, pero si nos implicamos bien con todo ello, nuestra vida puede convertirse en una bella e inagotable fuente de riqueza.

Rico o pobre es algo que decide cada uno.
No ganando dinero ni comprando.
Sino usando el mundo. Viviendo.

Es innegable que tener más dinero puede abrirnos muchas puertas, pero de nada servirá si no hacemos uso de los lugares a los que nos transporta.

Hay personas que se hacen llamar ricas, pero que en realidad no lo son. Son acumuladoras.

Acumuladoras de coches que duermen en un garaje. Acumuladoras de casas que apenas habitan. Acumuladoras de objetos que reposan en el desván.

En definitiva, personas que tienen, pero que no disfrutan; que ganan mucho, pero que se pierden casi todo.

Por el contrario, hay personas a las que muchos considerarían pobres. Personas que no poseen y apenas ganan, pero que vistas de cerca se erigen a sí mismas como las más ricas de la Tierra. Son aquellas que, lejos de acumular, se dedican a celebrar como protagonistas la fiesta de la vida, la abundancia que ya nos ha sido entregada.

En una ocasión, conocí a un hombre que poseía dos volcanes, un océano y decenas de campos de arroz. Nada de eso figuraba a su nombre, pero le pertenecía desde el día en que decidió jugar con ello.

EL CLUB DE LAS VAJILLAS DE ORO

Mientras escribo esto no puedo evitar acordarme de las vajillas que toda abuela tiene en su ajuar. Por lo general, tienen su origen en el día de la boda y están reservadas para momentos muy especiales. Los platos están hechos de una cerámica buenísima de no sé dónde, recubiertos con unos detalles dorados que recuerdan a los *sanfoines* de la residencia de verano de Isabel II. (Esto último me lo acabo de inventar, no tengo ni idea de dónde pasaba los veranos Isabel, ni de si había *sanfoines*. De hecho, la palabra *sanfoines* también me la acabo de inventar.) Junto a ellos, suele haber unas copas que se rompen con solo soplarlas y unos cubiertos que pesan más que la propia comida del plato. Y el postre. El caso es que toda la vajilla en su conjunto es lo más de lo más. Tanto que muy rara vez se usa, lo que conduce a la sospecha de que tal vez la vajilla verdaderamente valiosa sea la que utilizamos cada día, es decir, la comprada en IKEA con vasos Duralex.

De una u otra manera, todos tenemos vajillas así; cosas que a priori consideramos valiosas pero que en la práctica no les damos valor. Yo recuerdo una camiseta que me compré una vez. Me gustaba tanto que nunca me la ponía esperando la ocasión perfecta. Como era de color blanco, quería ser muy selectivo con el momento.

Y así lo hice. El tiempo pasó y finalmente encontré el día. Acudí al armario y la saqué. A pesar de no habérmela puesto nunca, no estaba como cuando la compré. Olía a cerrado y tenía agujeros causados por las polillas. Habían pasado dos años.

Cuando hablamos de vajillas o camisetas puede parecer una simple anécdota, y en cierto modo lo es. El verdadero problema viene cuando el desuso de lo realmente valioso trasciende nuestros armarios.

Y es que las cosas a medias nunca llevan a nada. Tener un vecino con el que no hablas es no tener vecino. Tener una ciudad que no recorres es no tener ciudad. Tener un mar en el que nunca te bañas es no tener mar. Y lo mismo sucede con las personas más cercanas. Tener una madre, un abuelo o un amigo a los que no llamas o con los que no creas conexiones profundas es igual que no tenerlos. Son como la vajilla que solo sacas en Navidad: ¿realmente la tienes o simplemente está ocupando espacio?

No son las cosas que no tenemos las que entristecen nuestra vida, sino las que tenemos a nuestro alcance y no aprovechamos. Es en las pequeñas concesiones donde se nos va la verdadera riqueza y nace la pobreza. No la económica, sino la del corazón.

EL TRIÁNGULO MÁGICO DE LA ALEGRÍA

Comprender la relación entre el uso y la abundancia es fundamental para alcanzar nuestro objetivo de vivir enamorados. ¿Y por qué? Porque nuestra alegría vital está directamente conectada con nuestro sentimiento de gratitud, y este solo se manifiesta cuando hacemos uso de lo que nos rodea. Dicho de otra manera: no podemos sentirnos agradecidos por las cosas que no disfrutamos, y no podemos sentirnos felices si no nos sentimos agradecidos.

Se trata de un circuito cerrado que funciona así:

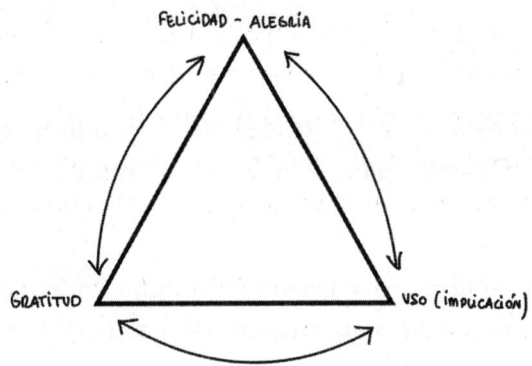

¿Quieres más alegría? Empieza a usar la vida.

VOY A ESCRIBIR UN BEST SELLER (*BETSY*)

Uno de mis mejores trucos para vivir enamorado consiste en pensar en grande. Creo que es algo que he hecho desde que tengo uso de razón, y el motivo de que siga haciéndolo es que me mantiene en la brecha de sentir cada día que formo parte de una historia alucinante. Como puedes imaginarte, la mayor parte de esos pensamientos nunca se ha materializado, de lo contrario ahora tal vez estarías celebrando mis goles, escuchando mis conciertos de música country o acudiendo a uno de mis exclusivos restaurantes de Gaz & Pacho. Fuera como fuese, eso nunca fue lo importante para mí. El simple hecho de despertarme visualizando que alcanzaba algo gigante ya era un gran regalo.

La mejor manera de estar en el mundo no es entregando poco. Es dándolo todo.

Mucha gente cree que pensar en grande es pretencioso, y lo asocia con una mala ambición o la falta de humildad. Otros, por su parte, lo ven como el opuesto a disfrutar de los placeres más sencillos. Yo no lo creo así. Soy consciente del valor que esconden los pequeños instantes, y que incorporarlos a nuestro día a día puede hacer nuestra vida mucho más rica, pero si hablamos de ganar ilusión no voy a engañarte:

> *Dime que salimos de madrugada al* asalto *del monte* Mido-Poco *y lo más probable es que no cuentes con mi espada; pero dime que vamos al monte Kilimanjaro y seguramente me encuentres en una hora en la puerta de tu casa pidiéndote adelantarlo.*

Creo que tener sueños grandes o locos es muy sano y divertido, y que todo el mundo debería crear uno cada año. Yo para este último me he propuesto escribir un best seller. Pero no uno cualquiera, uno que llegue a la estantería de los libros más vendidos de todas las librerías de todo el país. Que esté ahí arriba, con Reverte y Dolores Redondo. Con Ken Follett y Allende. ¡Todos juntos! Cada uno con su título y, a su lado, el mío:

Vive de forma que te duela marcharte.

Cada vez que lo pienso se me saltan las lágrimas de la emoción: ¡tan blanquito y hecho con tanto amor! Hay días que me preguntan qué tal llevo la escritura del libro y me hago el sueco. «¿Libro? ¿Qué libro? No entiendo. ¡Aaaaaah, te refieres a *Betsy*! ¡Genial!» Porque así es como le llamo, y quien me conoce lo sabe.

¿Ambicioso? Divertido. ¿Imposible? Ya ocurrió una vez. Como también me ocurrió decirme a mí mismo que era un simple escritor y casi me lleva al abandono de la escritura. Y esto no tiene que ver con creerse demasiado importante, sino con añadir fantasía a la vida. No me hacen falta realistas para saber que es posible que nunca suceda, pero tampoco para comprobar cómo mi alegría por la vida, la calidad de mi trabajo y la manera en que me levanto cada mañana cambian radicalmente en función de que me diga a mí mismo que soy alguien que escribe libros, o me diga que estoy haciendo algo hermoso para mejorar el mundo.

No nos hace mejores pensar en pequeño, ponernos tiritas y proteger el fracaso. Nos hace mejores ir con todo, soñar en grande, sudar la camiseta y sentir —aunque solo sea en nuestra mente— que todo es posible. Eso, y no los resultados, es lo que convierte nuestra vida en apasionante.

Cada vez que por miedo al sufrimiento o a la decepción del futuro nos mostramos poco exigentes e implicados, quien sufre es nuestro presente.

Hay una frase que me encanta recitar de Fernando Birri, quien, al ser preguntado por las utopías —el tipo de ensoñación más grande que hay—, respondió:

» La utopía está en el horizonte. Yo sé muy bien que nunca la alcanzaré. Que si yo camino diez pasos, ella se alejará diez pasos. Que cuanto más la busque, menos la encontraré, pues ella se va alejando a medida que yo me acerco. Buena pregunta, ¿para qué sirven las utopías? Las utopías sirven para caminar.

Y es que el mayor valor de un sueño no es que podamos llegar a realizarlo, sino su capacidad para ponernos en marcha. Y cuanto más grande y loco sea, con más fuerza nos lanzará al camino. Y sobra decir que lo que se hace con más fuerza tiene más posibilidades de cumplirse.

Me he pasado muchos años practicando el fracaso en mi cabeza, diciéndome cosas como «Va, seguro que a esta charla no viene nadie, ¿para qué darla?», o «¿Para qué grabar ese vídeo, si luego lo ven cuatro gatos?», y estoy seguro de que el precio a pagar por ser racional, correcto y académico es mucho más alto que el de inventarnos la vida, parecer unos lunáticos a ojos de unos cuantos y dejar de buscar la felicidad de la manera en que creemos. Y, lo que es más importante, anticipar el golpe no solo no transforma el resultado, sino que nos priva del mayor bien para nuestra felicidad: disfrutar el camino y dejar cosas bonitas en el mundo para otros. Tanto en lo grande como en lo pequeño.

DEJAR BELLEZA EN EL MUNDO

Hace años, una persona me dijo que perdía el tiempo trabajando tanto los stories de mis redes sociales. Que era absurdo tomarse tanta molestia para algo que solo dura 24 h.

Poco después, alguien me advirtió que era mejor no ser amable con todo el mundo, especialmente con aquellos que no volveremos a ver. «Guarda siempre tu energía para los tuyos. No regales nada a quien nada te dio», me dijo.

Lo cierto es que he visto esta filosofía en muchos lugares. Un modo equivocado de ir ahorrando en el que crees que un día ganarás algo, pero que en realidad no hace más que sumarte derrotas en el presente.

Así, hay artistas que dejaron de ofrecer su voz porque cantaban para diez y no para cien, escritos maravillosos que quedaron a mitad porque «¡quién los va a leer!» o parejas que en sus citas se entregan a medio gas porque intuyen dentro de sí que no durará para siempre. Como si el momento, el instante o lo breve no importara. Como si solo lo eterno o gigante tuviera valor.

No estoy de acuerdo.

He visto estrellas fugaces de medio segundo iluminar cientos de ojos, flores asombrosas que marchitaban en minutos y unos delfines que si no estabas atento en el momento exacto, no los volvías a ver saltar.

La belleza no entiende de tiempo ni de resultados. No hay un tarde o un pronto para dejar el corazón en lo que hacemos. No existe un momento inapropiado para dar lo mejor.

Si tienes algo hermoso que dejar, déjalo.

Si hay una palabra buena que ofrecer, entrégala.

No guardes para mañana, porque mañana no existe. Y si existiera, no valdría más que hoy.

Olvida el cambio, la vuelta o el premio. Nada de lo que haces con amor se pierde.

¿O acaso pensabas que las cosas más bonitas que te pasan provenían de la nada?

EL ATARDECER NO ESPERA

Permíteme que me dé el capricho de despedir este capítulo con un pequeño homenaje a quienes han sido algunos de mis mejores compañeros de viaje: los atardeceres. A lo largo de estos años, he tenido el privilegio de contemplarlos en algunos de los sitios más bellos del mundo. Desde las dunas del desierto de Huacachina hasta los torreones fortificados de la Gran Muralla; desde la espalda del majestuoso Taj Mahal hasta la escarpada pared de El Capitán. Decenas y decenas de lugares, pero nunca el mismo atardecer. Así, los he visto naranjas y de sol redondo, como también escondidos entre unas nubes que proyectaban sus rayos de colores rosas, morados y hasta verdes.

Lo que más me gusta de los atardeceres es que no piden permiso para suceder. Al sol no le importa si estás listo, o si no te parece bien que se ponga a las 18.07 o a las 20.03. Él sencillamente se retira, y tú, si quieres, lo miras. De algún modo me recuerda a la abundancia de la vida y a los sueños: están ahí para todos, pero solo quienes decidan ir a por ellos podrán disfrutar de los tesoros que aguardan.

Implicación es la palabra.

2

La magia de la actitud

Pulsera Implicación (Amarilla)

> Algún día, en retrospectiva, los años de
> esfuerzo te parecerán los más hermosos.
>
> Sigmund Freud

Meterse donde no te llaman casi siempre tiene consecuencias. Si alguna vez —y esperemos que no— te *dro-
garon*, deberías saberlo. A mí me ocurrió. En realidad,
no tengo pruebas que lo confirmen, pero creo que despertar en la azotea de un séptimo piso de Tokio balbu-
ceando y con un malestar del infierno arroja bastante
luz al asunto. Solo recordaba haber tomado dos copas;
la tercera debió de ir cargada. De burundanga.

Era el mes de que todo saliera mal —Japón se encar-
gó de ello [9]— y para celebrarlo me fui a California. Allí
me esperaban grandes planes. Una amiga de Bali tenía

una furgoneta en Los Ángeles aparcada en la calle y me la había ofrecido para que recorriera el estado durante ocho días y cumpliera así el sueño de llegar a ver las secuoyas gigantes. Antes, pasaría por el Gran Cañón, Las Vegas y Yosemite, acabando la ruta en San Francisco, donde tomaría un avión rumbo a Ecuador para impartir una conferencia. Eran muchos kilómetros en muy poco tiempo, por lo que todo debía salir a la perfección.

Nunca subí a aquella furgoneta. Al parecer, el chico que tenía las llaves se encontraba fuera de la ciudad. Me lo contó mi amiga veinte minutos antes de subir al avión, en el aeropuerto de Tokio. Seguía la racha y, lo peor de todo, es que solo era el principio. ¿Tú sabías que cuando cruzas el Pacífico desde Japón hasta la costa Este de Estados Unidos *llegas antes de salir*?[3] Yo tampoco. Y mi amiga Pilu, a quien recurrí de urgencia para que me dejara alquilado un coche en el aeropuerto mientras yo volaba, aunque lo sospechó, terminó por hacerme caso. En resumen: el maravilloso descapotable de 35 dólares que Pilu me había

---

3. Debido a la organización horaria mundial, aunque vueles de oeste a este, a diferencia de lo que ocurre en Europa, el reloj no se adelanta, sino que retrocede, por lo que si tomas un avión de diez horas, como era mi caso, a las 4.20 pm de Tokio, llegas a las 10.20 am de Los Ángeles… ¡pero del mismo día! O lo que es lo mismo, llegas seis horas antes de salir, según tu reloj actualizado.

conseguido para recorrer *L.A.* por unas horas me esperaba en el aeropuerto, sí, pero al día siguiente de mi llegada.

La buena noticia era que había ganado un día, lo que
resultaba perfecto para visitar la bahía de Santa Mónica
en busca de algún *vigilante de la playa* despistado. Nada
más llegar allí, recibí un mensaje que hizo saltar mis
planes por los aires. Era el banco:

* Cobro de 994,95 euros. Saldo: 2,59 euros.
* Fecha: la noche de burundanga en Tokio.

Me quedé en shock, negando que aquello pudiera ser
cierto. Tras unos minutos atónito frente a la pantalla del
teléfono, finalmente me derrumbé. Fue como vivir una
pesadilla dentro de mi propio sueño, y la rabia y el desconsuelo se apoderaron de mí, llorando el océano que
acababa de cruzar. Definitivamente, me habían drogado.
No tenía ningún recuerdo de lo ocurrido, como tampoco posibilidad de reclamar o usar la tarjeta, y lo único
de lo que disponía eran 90 dólares en efectivo. Con todo,
no solo se trataba de haber perdido el dinero, sino de
decir adiós a la ruta dibujada y, más concretamente, a
mi gran sueño de visitar las secuoyas gigantes.

¿Conoces la expresión «el dinero no da la felicidad,
pero prefiero llorar sobre mi descapotable»? Tras unas
llamadas, conseguí adelantar el alquiler del coche a la

noche, y *solo* diez kilómetros a pie me separaban de comprobar que tal vez aquella frase hecha fuera cierta.

A decir verdad, nunca he sido un aficionado a los coches, a pesar de haber incluido recorrer Los Ángeles en descapotable en mi lista de deseos. Más bien soy de los que piensan que el cigüeñal es un nido de aves parisinas migratorias y que si un gato es capaz de levantar el vehículo para cambiar una rueda, no es de extrañar que necesite siete vidas. El caso es que aquello de conducir un *buga* sin capota por las calles de Hollywood tenía su miga, así como poner la música a tope por Venice Beach, sacarlo a correr por la autopista, y acabar en la ladera del Observatorio Griffith, lugar donde los *dandis* con tupé de las pelis se llevan a las *chatis* del «insti» para un primer beso en su *Cadillac solitario*.

Fue mágico. E irónico: no tenía apenas dinero, pero iba a bordo del mejor coche que había conducido nunca. Jamás lo olvidaré, como tampoco las consecuencias de no haber leído de adolescente la revista *Motor*, pues no reparé en que el consumo de gasolina de este tipo de vehículos es altísimo, y debía devolverlo con el depósito lleno en solo unas horas.

Me quedaban 50 dólares para siete días. Todo mal.

Te anticiparé que, a pesar de todo, logré llegar a las gigantescas secuoyas. No fue fácil, pero el cómo lo dejo para más adelante.

Cuando la vida te haga sentir que has tocado fondo, recuérdale que fue en los barcos hundidos donde se encontraron los mayores tesoros.

¿VÍCTIMA O PROTAGONISTA?

La adversidad no solo es parte de los viajes acelerados, es parte de la vida y ocurre cada día. Por mucho que intentemos controlarla, hay infinidad de variables que escapan a nuestro poder, y solo la capacidad de adaptarnos e improvisar puede hacernos salir victoriosos. Ya sabes, los duendecillos sueltan sus papelitos a su antojo y nunca sabes cuál de todos es *el giiiiro finaaal* definitivo.

California no me dio las mejores noticias —en realidad, casi todo salió mal—, pero me ofreció una oportunidad. La oportunidad de decidir si iba a comportarme como una víctima o como un protagonista; si iba a resignarme al viento en contra o si, por el contrario, estiraba con fuerza de los cabos que aún quedaban sueltos para reorientar las velas y ver qué deparaba el nuevo azar. Todos vivimos cada día con esa oportunidad.

LA GRAN VOTACIÓN

Cuando empecé a escribir este capítulo, realicé una votación entre mis seguidores. En ella, les hice una pregunta. ¿Cuál de las cuatro palabras principales que componen el título de este libro te resuena más? Por supuesto, yo también tenía mi preferencia, pero quería conocer la opinión general. En total, votaron 4.483 personas, y los resultados fueron los siguientes:

VIVE ------------------- 3260 votos ----- 72,7 %

FORMA --------------- 155 votos ----- 3,5 %

DUELA ---------------- 500 votos ----- 11,1 %

MARCHARTE ------- 568 votos ----- 12,7 %

Pertenezco al 3,5 % que eligió «forma», la opción menos votada, lo que me ponía en una situación un tanto extraña, teniendo en cuenta que la frase *Vive de forma que te duela marcharte* era mía: o bien me había perdido en el camino de la reflexión y debía volver atrás —lo cual es bastante frecuente en el desarrollo de las ideas—, o bien debía aclararlo algo mejor. O lo que también era probable: no existe una respuesta correcta, sino que cada uno tiene su propia forma de sentir. Fuera como fuese, me parecía apasionante el desafío de exponer mi propuesta y tratar así de convertir la palabra a priori menos atractiva en el centro de la filosofía de la valentía. ¡Vamos allá!

CÓMO ELOGIAR A UN ARTISTA

Hay una cita atribuida al famoso violinista Pablo de Sarasate que me fascina. Dice así:

«¡Un genio! ¡He practicado catorce horas
diarias durante treinta y siete años
y ahora me llaman genio!».

Puedo imaginarlo después de un concierto. Ha tocado intensamente durante más de dos horas y, aunque está exhausto, también se siente aliviado. Han sido varios meses de duros ensayos y la actuación ha salido a las mil maravillas. Llega el momento del cóctel y algunos de los asistentes se le acercan entusiasmados. Son los últimos años del siglo XIX, por lo que aún no se dicen cosas como «¡Eres el puto amo!», «¡Flipante!» o «¡Dios, ha sido brutal!». A cambio, se escuchan otras como «¡Sublime!», «¡Magnífico!», «Es usted un verdadero virtuoso» y, finalmente, la palabra mágica: «¡Genio!». El bueno de Sarasate sonríe y agradece, pero por dentro solo piensa: «¿Es que nadie va a decirme nada de los meses de arduo trabajo?».

Creo que eso es lo que hay detrás de la famosa cita. Como escritor —y desde mi pequeño lugar— sé lo que es la soledad de la creación y el reconocimiento a la obra final, y aunque esto último siempre es agradable, no termina de conectar con lo que el creador vive cada día. Y es que, cuando somos parte del público, solo vemos el resultado. Abrimos una *app* o una web, compramos una entrada o acudimos a un evento y, *voilà*, ahí está la creación para nosotros. Sin embargo, cuando eres el creador, la realidad es otra. Hay esfuerzo, frustración, fallos, intentos, ilusiones, cientos de ideas descartadas hasta quedarte con una... Nada de eso se aprecia en la obra, pero es lo que en mayor medida te acompaña día a día.

Creo importante remarcar esto porque en los años que llevo con mi proyecto he observado cómo ha ido creciendo en muchas personas la pasión por la meta o la fama, sin que en paralelo se produjera un esfuerzo a la altura de la causa o un amor proporcional por el proceso. Podría contar por cientos las personas que he visto en este tiempo anunciar a bombo y platillo su nueva idea, o lo enamoradas que estaban de ella, y meses después, al comprobar que no tenían el número de *likes*, los ingresos o el alcance deseados, tirar la toalla. Poco a poco hemos ido forjando una cultura de lo rápido que nada favorece a la calidad de las creaciones o al amor que requiere cada uno de los escalones de nuestro crecimiento.

Porque sí. Hace falta mucho amor. Amor a lo que haces para no abandonarlo al primer revés, y amor a ti mismo para adentrarte en el terreno salvaje de aquello que no dominas y permitirte no ver a la persona brillante que veías cuando solo te movías en la zona conocida. En mi libro *Cabeza, corazón y tripa*, lo escribí así:

> *Quererse no es hacer lo posible por evitar un traspié, una mala crítica o cualquier clase de* error *que mantenga a cero el marcador de nuestras derrotas. Quererse es tener el valor de no frenarnos ante lo amado por el simple hecho de sentirnos torpes, vulnerables o imperfectos.*

Caerse, levantarse, borrarlo todo y empezar de nuevo, ofrecer tu obra al mundo aun cuando no es tan buena como esperabas… Todo eso son formas no solo de acercarse a la meta, sino de ejercer el derecho a hacer lo que amas. Definitivamente es cierto: detrás de alguien que arriesga, hay alguien que se ama.

» Querido Pablo de Sarasate,
No soy capaz de imaginar con justicia todo lo que hay detrás de una interpretación tan fabulosa, pero estoy seguro de que cada cuerda rota a lo largo de estos años ha tenido esta noche su redención. Gracias por tanto.

¿Quieres llegar al corazón de las personas? Mira más allá de la obra final. Encuentra el valor escondido en el proceso. Y díselo. No hace falta que lo expreses con lenguaje del siglo XIX, pero sí que recuerdes algo:

No somos resultados, somos historias.

A continuación, hazlo también contigo mismo. Nada logra conectar tanto con nuestro interior como sentirnos vistos.

LA LEY DE LOS DOSCIENTOS

Cuando escuché por primera vez que para abrirte paso en el mercado laboral lo más importante que necesitabas era ser muy bueno en algo que le importara a la gente, diseñé un plan. Lo llamé *La ley de los doscientos*, y consistía en multiplicar por esa cifra todo aquello que pudiera ser útil para mi proyecto. ¿Leer? ¡Pues doscientos libros! ¿Escuchar a gente inspiradora? ¡Marchando doscientas charlas TED! «¿Y qué hay de los *podcasts*? Ahora se llevan mucho.» ¡Otros doscientos!

Fueron unos años preciosos. Posiblemente, los más bonitos de todos. Cada lección me sonaba a nueva, y los días me pasaban volando entre cientos de mentes llenas de sabiduría, mientras anotaba las ideas más brillantes en mis cuadernos de colores. Así y comiendo arroz blanco.

Uno de los años decidí aplicar *La ley de los doscientos* al cine clásico. El objetivo era ambicioso, pero de conseguirlo me pondría al día con las épocas doradas de un arte que nos ha llevado desde hace un siglo a conocer lugares, historias y momentos que de otra manera podrían caer en el olvido.

A priori, la media era de cuatro películas a la semana, pero no ocurrió así. Había bajado el ritmo inicial y, al llegar noviembre —debía conseguirlo antes de fin de año—, me quedaban aún por ver ochenta y cuatro. Estaba cerca de ser la primera vez que no cumplía con *La ley de los doscientos*, y mi orgullo saltó para recordármelo:

Hacerte una promesa es tener el valor
de lanzar unas palabras y salir corriendo
tras ellas. Hasta el final. Pase lo que pase.

Dejé diciembre con doscientas nueve. Frank Capra, Billy Wilder, Hitchcock, Orson Wells, Kubrick, Chaplin, Ingmar Bergman... La lista de directores asombrosos era interminable. Por no hablar de actores de la talla de James Stewart, Katherine Hepburn, Cary Grant, Gary Cooper, John Wayne, Clint Eastwood o los hermanos Marx. Durante doce meses pasé del cine negro al primer western; de la comedia al drama; del terror al cine bélico. En una ocasión, como iba apurado de tiempo, me vi veintiséis películas de Woody Allen en solo diez días, lo que, unido a mi mala memoria, hace que ahora no sepa si la historia de Annie Hall sucedió en *Manhattan* o en una *Medianoche en París*. Hay veces que menos es más.

De aquella etapa recuerdo especialmente dos cosas. La primera es un documento de Excel donde iba apuntando todas las frases y momentos que me llamaban la atención. Todo ello organizado en columnas junto a su minuto exacto y un *hashtag* con una categoría de desarrollo personal que me ayudara a localizarlo después para mis escritos. A día de hoy guardo más de mil, y es uno de mis tesoros más preciados.

La segunda cosa que recuerdo es una sensación. Y es que mi estado emocional al acabar cada película nunca era el mismo que el que tenía cuando la iniciaba. Si al ver *Into the Wild* o *Alma salvaje* has sentido ganas de coger una mochila e irte a recorrer mundo, sabes de qué hablo. Me ocurría siempre. Si la película trataba sobre el perdón, pensaba en llamar a las personas a las que había fallado; si trataba sobre la generosidad, sentía el impulso de conectar mejor y darme a los demás. Creo que esa es la magia de una buena narración: lograr que tras ver al general Custer dando la vida por su ideal en *Murieron con las botas puestas* seas incapaz de renunciar a los principios que entiendes como correctos.

Esta experiencia con el cine impulsó mi interés por las historias, dejando en mí una pregunta: ¿qué tienen en común aquellas que logran emocionarnos hasta las lágrimas y cambiar nuestra forma de mirar la vida? Comprobarlo sería mi siguiente reto.

> *En el siglo I d.C., el filósofo estoico Epicteto dijo: «No nos afecta lo que nos sucede, sino lo que nos decimos acerca de lo que nos sucede». Y así es, pero hay algo más: no solo se trata de lo que nos decimos que ha sucedido, sino de lo que nos decimos acerca de quiénes somos, de cuál es nuestro papel en esta historia que llamamos vida.*

He conocido a personas que bajo un mismo hundimiento se hicieron llamar náufragos y a otras que celebraron hasta el final de sus días haber sido los supervivientes.

EL PODER DE LAS HISTORIAS

Adentrarnos en una historia del cine es una experiencia sanadora. Para mí es conectar con los protagonistas y ver en sus guerras las mías; es reflexionar, purificarme y observarme en perspectiva a través de una historia que, por ser ajena, me permite mirar mis propios miedos sin huir de ellos. Los griegos lo llamaron *kátharsis* (catarsis) y, de no ser por ello, no sentiríamos emoción al ver una historia que sabemos que es una producción artificial donde los actores, después de escuchar un efusivo «¡Corteeen!», se van a sus casas a seguir con sus verdaderas vidas.

Las buenas historias nos tocan y nos conmueven, nos impulsan y nos reparan, pero hay una razón para que esto ocurra, y tardé varios años en saber cuál era. Me quedé asombrado cuando descubrí que el secreto de las historias que más admiramos no estaba en su final, y tampoco en su principio, sino en la parte central, en el desarrollo. Creo que no estaba preparado para la respuesta. Me había pasado la vida esperando que las películas tuvieran un final feliz para decidir si eran o no de mi agrado, y esta revelación cuestionaba no solo mi manera de mirar el cine, sino mi propia vida. ¿Cómo estaba midiendo mis experiencias? ¿Qué me decía a mí mismo cuando algo no salía de la manera que yo quería?

Necesitaba seguir profundizando, y fue entonces cuando di con el trabajo del escritor estadounidense Kurt Vonnegut, quien, en una simplificación de *El camino del héroe*, redujo a cuatro la mayoría de las narrativas que hoy consumimos. La forma de reflejarlas era siempre la misma: un eje vertical que representa la fortuna (arriba buena, abajo mala) y uno horizontal que simboliza el tiempo (izquierda inicio, derecha final). Aquí el esquema tipo:

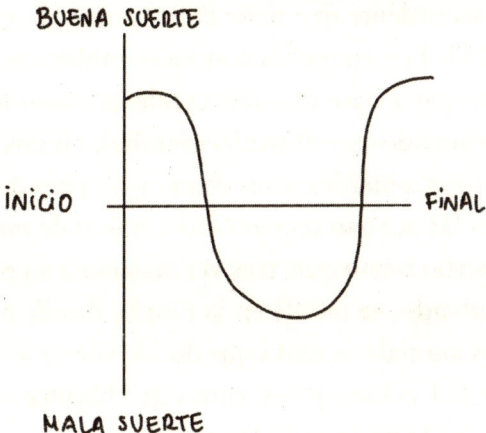

Veamos. Todo comienza en un momento en que las cosas van bien (punto alto de la curva): hay éxito, un futuro prometedor, una familia unida... pero, de pronto, un golpe del destino hace que todo se tuerza hasta tocar fondo (punto bajo). Hay pérdida y desconsuelo, al tiempo que se abre un interrogante: «¿Tiro la toalla o trato de recuperar lo que es mío?». El protagonista elige la segunda opción y empieza la batalla (punto de inflexión). Los obstáculos se van presentando, pero uno a uno, y a golpe de fe, los va superando (ascenso). Finalmente, llega el triunfo (de nuevo, el punto alto) y, con ello, el aplauso a las salas.

En otros casos, el inicio no es en lo alto, sino en la mitad o en lo bajo,[4] pero la esencia es la misma: hay un camino ascendente que tiene como punto de partida la adversidad. Los ejemplos son incontables: luchadores *acabados* que a base de subir escaleras como locos terminan peleando por el título mundial; chicos que por *ciegos* o *tontos* pierden a sus chicas y después de bajarles dos lunas las acaban recuperando; o uno de mis favoritos: un tierno felino que, tras ver asesinar a su padre por su tío malvado, se pierde en la jungla, donde hace piña con otros animalitos hasta que decide volver a *casa* para vengarse del villano y —a ritmo de Hakuna Matata— devolver así la paz a toda la sabana.

¿Cuántas películas hemos visto así?

4. En un cuarto tipo de esquema —la llamada curva de Kafka—, Kurt Vonnegut representó otro estilo de historia: aquellas que empiezan mal y acaban aún peor. El nombre le iba al pelo.

Valoramos las historias de lucha y ascenso. Y lo mismo ocurre con las grandes biografías. Nadie *quiere* escuchar «Persona de éxito. Fin». Queremos oír que la persona que cambió la forma en que hoy nos comunicamos empezó trabajando en un garaje hasta altas horas de la noche mientras otros le llamaban loco. Nos emociona saber que al *genio* que revolucionó la ciencia le pronosticaron seis meses de vida y, aun así, siguió adelante, peleando desde su silla. Y nos emocionan no porque tengan un gran final, sino porque en nuestra cabeza somos capaces de reconocer los puntos que van desde la adversidad hasta el triunfo. Y unirlos.

Acababa de comprenderlo.

> *Ningún momento de nuestra vida es un punto aislado. Cada historia que vivimos es un peldaño de una escalera que en su conjunto describe quiénes somos. Éxito y fracaso, tristeza y alegría, ilusión y decepción, se necesitan. Son caras de una misma moneda. No podemos celebrar la victoria final si eliminamos de la historia el episodio en que el protagonista está caído en la lona. Si queremos llegar a amarnos de verdad, hemos de abrazar la curva completa. También los puntos bajos.*

La escala de la valentía había vuelto a funcionar.

Como digo, comprender esto fue un revés para mi antigua forma de pensar, basada en el lamento de lo malo y la celebración de lo bueno, pero también un gran alivio. Ahora, cuando me viera en la lona tras un duro golpe cruzado, tenía una nueva posibilidad: tomar la caída no como el final, sino como el punto de partida de un ascenso del que un día llegar a sentirme orgulloso.

Hay algo que la cultura del «aquí y ahora» no entiende. Y es que a veces los mejores momentos de nuestra vida no son placenteros, ni están hechos para ser disfrutados en el momento sino más adelante, al echar la vista atrás.

**No es el triunfo lo que pone en pie
al auditorio, sino el ascenso.
No es ser grande, es ser creciente.**

Existe una alternativa al *viaje del héroe* y sus desenlaces felices, y consiste en llamarnos «héroe» en cualquiera que sea nuestra etapa. En mirarnos cuando estamos caídos y decirnos sin dudar:

«Aquí también puedo hacer algo valioso».

LOS VALIENTES IMPERFECTOS

Conozco el precio del triunfo, y es haber vivido antes muchas derrotas. Cada vez que me lanzo a un arte nuevo me hago consciente de ello. Cuando pasé de simplemente escribir a mostrarme delante de una cámara, por ejemplo, me sentía profundamente inseguro. Al terminar cada grabación, la miraba y decía: «¡Jesús, será muy valiente eso de lanzarse, pero qué malo eres, *tío*!». Pero por alguna razón la publicaba igualmente.

Y lo mismo ocurría con mis primeras charlas. Lo pasaba realmente mal. Se me revolvía el estómago, temblaba, no dormía la noche anterior y justo antes de empezar me imaginaba lo peor. Algunas veces, incluso, me planteaba si no era mejor dar un paso atrás, fingir una enfermedad altamente contagiosa y volver a la zona de seguridad que era para mí estar escribiendo en un rincón tranquilo de la que por ese entonces fuera *mi casa*.

Pero entonces me paraba y pensaba en las películas que tanto me gustaban, aunque no acabaran como yo deseaba, y recordaba la curva donde nacía la magia. Gracias a esto, empezaba a verlo todo desde otra perspectiva. Así que subía al escenario y, aunque sabía que no me saldría del todo bien, que me pondría nervioso y que algunos gestos no me favorecían —no sé por qué pongo a veces ojos de morena marina—, también sabía que estaría loco si no aprovechaba una oportunidad como esa para compartir mis pequeños descubrimientos y sentir que ayudar a los demás es más valioso que mis propios nervios.

Y lo que era igual de importante: sabía que estaría loco si olvidaba que ese día era tan solo un punto de la línea que llegaré a ser. Y que, por mal que pudiera darse, aquel capítulo era totalmente necesario para la historia que un día me gustaría escribir.

No estamos aquí para hacer historia, sino para vivir nuestra propia historia.

Solo cuando nos demos cuenta de que somos historias podremos empezar a dibujarla de tal manera que otros encuentren en ella un punto de inspiración y arte dignos de trascender y pasar a la memoria.

Por lo menos a la nuestra.

**Todo sueño grande se construye
con pasos pequeños.**

HACIA ISLAS DESIERTAS

En uno de mis viajes, quise cumplir el sueño de dormir en una isla desierta. Siempre habían despertado mi curiosidad las historias de náufragos que sobrevivían durante años a base de comer cocos y hacerse hogueras frotando un palo, así que decidí hacer mi versión *light* de esta aventura.

El inicio fue a la inversa: en lugar de fabricarme mi propia balsa con troncos de palmeras para salir de la isla, me hice con una ya terminada (un kayak rojo) para llegar a las islas. Elegí como destino un archipiélago apartado del sudoeste de Tailandia. Me pareció un buen lugar, dado que la separación entre sus islas no superaba los diez kilómetros, una distancia asequible para remar de una a otra o para, si tenía que morir engullido por un calamar gigante, no hacerlo en mitad de la nada.

Serían tres días de completa exposición a lo desconocido, y aunque se tratara de una adaptación muy reducida de la vida de Robinson Crusoe, me hacía recordar que cualquier conquista, por pequeña que sea, siempre es más estimulante que vivir atrapado cada día en la orilla.

Partí con una pequeña bolsa impermeable donde guardar el agua y la comida. Junto a ello, un mapa de la zona. Zarpé a media mañana.

Al poco de empezar a remar, ya me di cuenta de la dureza de lo que me esperaba, cuando la calma de las zonas resguardadas dio paso al viento y las corrientes del mar.

Nada de eso detuvo mi entusiasmo.

Son muchas cosas las que recuerdo de aquella aventura: la playa de ensueño que encontré en mi primera parada, las hogueras encendidas al atardecer, las aguas cristalinas de algunos recodos... y, por supuesto, la libertad.

Resulta difícil describir la sensación que provoca estar a solas con la naturaleza cuando ha caído la noche, bajo las estrellas, entre los sonidos provenientes de la densa vegetación; alerta primero y confiando después; haciendo frente a tus propios fantasmas.

> *Consejo para robinsones primerizos: a no ser que quieras compartir tu comida con los animales escondidos de la noche, cuando duermas escóndela en algún lugar en alto. Yo no lo sabía.*

Una de las noches, asistí a un fenómeno alucinante. Lo llamé «la aurora tropical», y es que, al ponerse el sol, el cielo se coloreó de una luz verde intensa similar a la de las auroras boreales y australes de las zonas polares. Yo la veía detrás de las palmeras. Al parecer, estaba provocada por la luz de los barcos pesqueros al otro lado de la isla.

Con todo, hay algo que se me quedó guardado en el mismo cajón de los momentos extraordinarios, y es el sentimiento de impotencia que me invadía cuando me encontraba en mitad de dos islas —especialmente las más alejadas— y veía como, a pesar de remar con todas mis fuerzas, el kayak *no avanzaba*. ¡Era frustrante! Estaba ahí, flotando sobre el oscuro océano, moviendo el remo de un lado para otro, pero nada. ¿Sería la corriente? No lo era. Lo que ocurre es que cuando aún queda mucho recorrido —cuando la meta todavía está lejos— parece que todo cuanto hagamos apenas sirve. Pero no es así. Encontré la solución en lo pequeño: concentrarme únicamente en dar paladas. Lo hacía contando, de cien en cien. «Uno, dos, tres, cuatro… noventa y ocho, noventa y nueve…» Y llegaba. Tardaba, pero llegaba. [10]

EL LADRILLO MÁS IMPORTANTE

La parte central. Justo en el espacio entre islas. Ahí es donde reside todo: cuando tu pareja te ha abandonado y estás tan destrozado que no sabes para dónde seguir. Cuando estás opositando y, tras las primeras convocatorias, no has logrado obtener la ansiada plaza. Cuando te has quedado sin trabajo y necesitas empezar una formación al tiempo que tu cuenta corriente no para de bajar. Esa es la zona del héroe, no el final.

Tengo una forma de visualizar esta zona difícil. La llamo *el ladrillo 125.736*. ¿Y por qué? Porque es el ladrillo que casi nadie quiere poner, el feo hasta de número, el kilómetro 24 de la maratón. Piénsalo así, e imagina que estás construyendo una preciosa catedral que en total necesita 500.000 ladrillos. Si le das la opción a la gente de elegir qué ladrillo de todos les gustaría poner, a buen seguro elegirán entre dos: el primero o el último. Y tiene sentido. Son los que más premio tienen. El primero porque es el origen; el último porque es el definitivo. Sin embargo, para que la catedral luzca esplendorosa en medio de la ciudad, necesita de todos y cada uno de ellos. Del 125.736 también.

Lo mismo ocurre en una maratón. El primer kilómetro se hace con facilidad, pues hay motivación y fuerza; y el último, aunque es el que más debería costar, es también el que más ilusiona. Sin embargo, el secreto para acabarla reside en estar preparado para los kilómetros centrales, especialmente para el temido tramo conocido como «el muro», donde muchos abandonan. Ya sabes el dicho:

«Las medallas se ganan en los entrenamientos, a la competición solo se va a recogerlas».

Todos vivimos nuestras propias maratones y todos soñamos con nuestras bellas catedrales, pero hay que cubrir todas las etapas. Cuando pones el ladrillo que nadie quiere, cuando corres el kilómetro que no apetece, estás dando pasos a la catedral más bonita del mundo y también hacia tu medalla, aunque por momentos no lo parezca. Y sucede igual en nuestras carreras internas: el domingo que decides no llamar a quien no te conviene solo porque te invaden los celos o la nostalgia. O el día en que no puedes estudiar ocho horas, pero aun así dedicas una. O la vez en que, agotado por todos los rechazos, apuestas por enviar el borrador de tu novela a una editorial más. Todo eso suma.

Y aunque es cierto que muchas batallas dependen de factores externos, también hay otras que solo dependen de ti, y si haces lo que debes, acabas por ganarlas.

Al final, lo que marca la diferencia entre quienes llegan a su orilla y los que viven en la deriva del eterno «me encantaría» es lo que hacen cuando menos fuerza tienen; cuando se concentran solo en la siguiente palada. Y llegas. Ya lo creo que llegas. Y quizá cuando lo hagas te feliciten por ello —como a Pablo de Sarasate—, pero tú sabrás que solo eres una personita más que no dejó de salir a correr los días de lluvia.

TEN PACIENCIA

Hay personas que alcanzaron su cima a la edad en la que muchos ya decidieron abandonar. Personas que antes de ver reconocida su labor, pasaron años y años trabajando en la sombra, sacrificándose, vendiendo periódicos o sirviendo bebidas hasta altas horas en un bar. Personas que escucharon mil noes antes del gran sí, y que, a pesar de ello, jamás cambiaron de sueño. En definitiva, personas que creyeron en sí mismas hasta el final.

Así, Clint Eastwood no empezó a ser conocido hasta que tuvo 33, y Samuel L. Jackson 45. J. K. Rowling tuvo que ver devueltos sus borradores en más de diez editoriales y un tal Michael Jordan no valía para el equipo de la escuela. Otros como Van Gogh, ni siquiera llegaron a verlo, pero llegaron.

Quizá estés preguntándote si es hora de cambiar tu sueño —que si ya tienes una edad, que si ya lo has intentado mucho...—, pero lo que en realidad tienes que cambiar es tu estrategia. Tu foco. Dejar de pensar en ti y hacerlo en mejorar, en crear la obra más bonita que jamás puedas entregar.

¿Quieres vivir de escribir? Multiplica tu tasa de lectura. Deja de contar likes y empieza a poner el hí-

gado en cada párrafo. ¿Fotografía? Tira cien fotos más, flexiona las rodillas, madruga. Da igual de lo que se trate, busca cómo mejorar.

Si te preocupa el dinero, trabaja en paralelo en otra cosa. Aunque esté por debajo de lo que creas esperar. Los anillos solo se le caen a quien le vino todo dado.

Y algo muy importante: olvídate de querer ser una estrella, pues no se trata de ti, sino de lo que dejas en el mundo. Tu obra, si tiene alma, siempre será mayor que tú. Las pirámides de Egipto, Machu Picchu... La vida está llena de cosas increíbles que poca gente o nadie sabe quién las creó. Ni importa.

Si haces las cosas por crearte un nombre, por ser alguien, te diré algo: tú ya eres alguien, ¡naciste! Y lo único que te va a diferenciar del resto es lo que haces con la fecha de tu nacimiento: si la fijas como punto de partida de una vida que no querías, o si dejas que tome forma, le das su tiempo y permites que sea el amor quien haga el resto.

Nunca subestimes el poder de un corazón funcionando a toda máquina. Cada historia tiene sus matices. Su espacio. Su momento. Ten paciencia.

LA PALABRA MÁS IMPORTANTE

¿Recuerdas la historia de California y mi obsesión por llegar a las secuoyas gigantes? Es posible que mientras la leías encontraras algunas cosas que llamasen tu atención, como el incidente de la *droga*, la tarde que descubrí que me habían robado o mi llanto sobre el descapotable. Pero faltaba algo.

Déjame que te cuente la historia de verdad:

> » Cuando tenía entre cuatro y diez años, solía jugar cada tarde al fútbol con mi hermano en casa de mis abuelos. No había día que falláramos a la vuelta del colegio, siempre dispuestos a escuchar las riñas de nuestra abuela por haberle estropeado su precioso césped. Como no teníamos ninguna portería, improvisábamos con lo que teníamos, utilizando como postes unos pequeños árboles. Esos árboles eran secuoyas. Los años pasaron y dejamos de jugar, pero las secuoyas nunca dejaron de crecer. Al principio tenían nuestra altura —entre un metro y metro y medio—, pero ahora, cada vez que vamos a casa de nuestros abuelos, observamos que aquellos arbolitos que nos hacían la vez de portería ya han superado los veinte metros. Si los miramos juntos, siempre terminamos sonriéndonos.

¿Sabías que las secuoyas son los árboles más fuertes y resistentes que hay? Las más grandes son capaces de aguantarlo todo: la nieve, el fuego, la tempestad...

Mi hermano siempre ha sido la persona de mi vida, y todo se forjó en aquellos años de infancia, bajo la atenta mirada de las secuoyas. Recuerdo un día que decidimos enterrar junto a ellas algunos de nuestros juguetes preferidos con la intención de recuperarlos más adelante. En aquel momento no sabíamos la razón —para nosotros no era más que un juego—, pero hoy sé que era una manera de guardar para el futuro esa parte de ti que no quieres que se vaya; de dejarla *congelada* en el tiempo para rescatarla cuando ya te has ido.

Tal vez sea normal que los caminos se separen con la edad, pero un hermano mayor siempre se extraña.

Reponerme del golpe de la cuenta bancaria no fue sencillo. No había más dinero que los pocos dólares que llevaba en la cartera y tampoco podía recibir transferencias, lo que suponía limitar al máximo las comidas y renunciar a una cama donde dormir. Eso o algo que se me *da* realmente mal: pedir ayuda.

Acabé decantándome por la opción intermedia: pedir un poco de ayuda.

Visto en perspectiva sé que suena ridículo y que, como dice el refrán, «el mejor favor que puedes hacerle a un amigo es dejar que te haga un favor», pero eso lo aprendí después. Por ese entonces, y para alguien que se había propuesto dar una vuelta al mundo desde el *yo me lo guiso, yo me lo como*, pedir «poca» ayuda era la mejor forma de no sentirse avergonzado.

Así que ahí estábamos. A un lado del océano, lo que quedaba de don Juan Palomo —o sea, yo—, durmiendo en cualquier rincón, *duchándose* en lavabos públicos y comiendo bocadillos rellenos de miga de pan; y, al otro, con mi amiga Pilu y con Flor enviándome algunas localizaciones y tratando de gestionar la reserva de algún transporte que pudiera llevarme a ver mis preciadas secuoyas.

¡Vaya tres!

Es imposible olvidar una aventura como aquella. ¡Me acuerdo de tantas cosas! Sobre todo, de los detalles. Desde el hombre que no quiso perdonarme un dólar de la gasolina del descapotable, y a cambio intentó cobrarme diez, hasta la conductora de autobuses afroamericana que me guiñó el ojo para que subiera cuando no tenía con qué pagarle. Por no hablar de la noche que decidí dormir junto a las estrellas. Las del Paseo de la Fama de Hollywood, digo. O de esa otra en que, en contra de lo permitido, opté por pernoctar en el Parque Nacional de Yosemite y tuve que correr a resguardarme mientras cenaba porque no había caído en la presencia de osos salvajes.

Me acuerdo también de una tarde en la que todo estaba saliendo tan mal —me habían denegado el alquiler de un coche porque, al parecer, tenía el carné caducado— que decidí ir a un parque anexo al aeropuerto para ver despegar y aterrizar aviones mientras les pedía deseos a modo de estrella fugaz.

Por lo visto funcionó. ¡*El giiiiiro finaaal* a favor!

Y esa misma noche Pilu consiguió reservarme un autobús, ¡y al día siguiente un coche! Y Flor logró enviarme algo de dinero para mis últimos dos días, ya en San Francisco. ¡No me lo podía creer! ¡La curva de las películas! ¿Y si aún estaba a tiempo de llegar?

Desde aquel día no le pido los deseos a las estrellas, se los pido a los aviones. Y cada vez que veo uno me acuerdo de lo tonto que es querer ir solo a todas partes y lo bonito que es juntarse por un mismo motivo. Así que tal vez no consiguiera dar en solitario mi vuelta al mundo, pero a cambio aprendí algo que dio la vuelta a mi mundo: el valor de permanecer unidos.

**Cada paso que damos del «yo» al «nosotros»
es una vuelta a casa.**

No tardé en darme cuenta de lo que estaba sucediendo. La aventura de California no era la historia de una posible llegada, sino de una promesa llevada hasta el final. De la transformación de alguien tan asustado por escuchar un «Te lo dije» que no se atreve a pedir ayuda. De una mirada nostálgica de un niño grande que se acuerda del amor del pasado, pero se resiste en su día a día a decir «¿Sabes qué? Te echo de menos».

Tal vez no fuera la historia que busqué, pero fue la que me tocaba. La manera en que la vida me desafiaba.

No, no es el final lo que hace que nos pongamos en pie para aplaudirnos, sino la forma. El cómo. La manera en que caemos y decidimos levantarnos; el modo en que hacemos frente a nuestros miedos y luchamos por nuestros sueños; el coraje que sacamos para poner en primera fila nuestras imperfecciones y no retirar la mirada. Por eso siento que la «forma» es la palabra más importante de este libro y, creo, de nuestras vidas. Porque no podemos elegir lo que nos depara el azar, pero sí cómo lo afrontamos. Y eso es todo cuanto tenemos, el único resquicio en esta conjunción caótica e incalculable de fuerzas en que podemos distinguir qué de todo lo que sucede es exclusivamente nuestro, quiénes somos. Cuánto mide nuestro corazón.

El cómo y el porqué. Lo que hacemos en la parte central de nuestra historia. Y solo cuando tenemos esto cobra sentido el final:

> Tras varios autobuses, paseos interminables y, finalmente, un coche, llegué al bosque de secuoyas gigantes. Una vez allí, busqué la más grande de todas, me situé a sus pies y realicé una llamada:
>
> —Hermano, ¡no te vas a creer dónde estoy! Estoy en California bajo las secuoyas más grandes del mundo. Te quiero muchísimo.
>
> Siempre juntos. [11]

Había que llegar como fuera.

SEGUNDA PARTE

AUTENTICIDAD

El compromiso irreversible de despedir a nuestro personaje, dar la cara y vivir desde la aceptación, la verdad y la vulnerabilidad.

3

Vivir en verdad

Pulsera Verdad (Burdeos)

> Hay dos formas de arruinarte la vida:
> creer que eres mejor que los demás
> y creer que eres peor que los demás.
>
> SERGIO FERNÁNDEZ

Hay personas que coleccionan sellos y otras que son más de guardar cromos. Algunos prefieren los cómics y otros, por su parte, atesoran discos de vinilo. Yo soy de los que coleccionan pestañas abiertas en su navegador de Chrome.

Empezaba mi segundo año de viajes y mi ordenador estaba que echaba humo. Rutas, alojamientos, consejos, convertidores de divisas... y la única página que realmente debía haber leído: «Los cincuenta timos que intentarán hacerte en la India».

Leí el artículo una semana después de llegar al país, cuando la mosca de mi oreja ya zumbaba con megáfono. Como en ese momento había poco que hacer, lo resumiré de la manera más optimista: de los cincuenta, había sobrevivido a cuarenta y siete.

Entre los timos que no esquivé, el más importante resultó ser también el más habitual. Consiste en hacerte creer nada más aterrizar —en mi caso, en Nueva Delhi— que el lugar en el que vas a hospedarte se encuentra ubicado en una zona muy peligrosa en esos días, y que, por tanto, se ha visto obligado a cerrar. Para *ayudarte* en mitad de la desorientación, el taxista que te ha dado la buena nueva te lleva a una oficina de turismo extraoficial donde otra persona, tras fingir una llamada con el *mismísimo jefe* del hostal, se dedica a ofrecerte decenas de packs de viaje como alternativa. ¡Qué majos, oye!

Dicen que la India es uno de los países más baratos del mundo para viajar, pero yo comprobé que si contratas un conductor para las dos primeras semanas, no lo es. Me comí el engaño con patatas y curri de Jaipur. Nadie me obligó a ello, pero me dejé embaucar y acepté. Si fue una buena o una mala decisión es algo que nunca sabré, ya que no viviré la otra vida para evaluarlo. Lo que sí sé es que este camino me deparó muchas cosas positivas, y Raj, mi conductor, fue una de ellas.

Durante catorce días —mi viaje total duraría un mes— recorrimos juntos infinidad de lugares. Tantos que de haberlos querido visitar de un modo más económico, hubiera necesitado por lo menos mes y medio. Delhi, Bikaner, el desierto de Jaisalmer, Jodhpur, Pushkar, Jaipur... y el imponente Taj Mahal de Agra. Viajar acompañado de un nativo fue una gran experiencia, siempre lo es, pues me ayudó a adentrarme en los entresijos de una cultura tan asombrosa como diferente a la mía. Y llena de vacas. Muchas vacas.

Raj me enseñó muchas cosas de su mundo. Algunos días me llevaba a comer con sus amigos, otros me enseñaba a cocinar auténtica comida india mientras me hablaba de su familia, y otros, simplemente, no sucedía nada. Creo que hicimos buenas migas y que, de alguna manera, él me veía como a un hijo.

Nuestra unión, sin embargo, no fue inmediata. Tal vez se debiera a su bajo nivel de inglés (o a mi nulo de hindi) o a su excesivo respeto por mi espacio, no lo sé, el caso es que durante los tres primeros días apenas hablábamos, lo que para mí, además de incómodo, era un completo desperdicio de la oportunidad. Pero todo cambió con una palabra. Dos sílabas mundialmente conocidas que son capaces de hermanar a los perfiles más opuestos, a las culturas más enfrentadas, a mí con el salmorejo.

Y esa palabra es ~~amor~~ «whisky».

La ceja de Raj se levantó cuando le pregunté si le gustaba el whisky. Más concretamente si se «atrevía» a beber uno conmigo. Lo vi por el retrovisor. Paró el coche súbitamente en mitad de la carretera, giró su cuerpo sobre el asiento delantero y me dijo en su mal inglés:

—Hijo, te saco veinte años de entrenamiento.

«Uooo, parece que a alguien le han tocado la fibra», pensé, y poseído por el espíritu de Humphrey Bogart en *Casablanca*, respondí:

—¿Sí? Pues yo soy escritor y he vivido en Irlanda. Consigue una botella.

El problema vino cuando Raj apareció en la cena con una botella de whisky y dos vasos. «Eh… Hum… ¿Y la Coca-Cola? ¿Y los hielos?» Empecé a sudar. Y es que entre tanto cacareo había olvidado comentar un pequeño matiz: mi Irlanda era del Norte.

Perdí el duelo, pero a cambio gané un amigo. Aquella noche nos abrimos y nos contamos mil historias. A trompicones, claro, saltando como podíamos las barreras del idioma, pero mejorándolo a cada trago. Desde ese día, Raj y yo estuvimos muy unidos. Tócala, Sam.

Aparte de agarrarme tres o cuatro buenas melopeas —Raj estaba imparable—, pude vivir muchas cosas en la

India, tanto viajando con él como después solo, recorriendo el norte del país. [12]

Al concluir mi viaje, me quedé con la sensación de haber vivido en mitad de un mundo lleno de contrastes: a un lado, la riqueza de los lujosos palacios y la vitalidad que evocan los colores intensos de las vestimentas hindúes; al otro, la más deplorable de las miserias y la muerte paseando por las calles de Varanasi. Mis emociones circulaban entremezcladas, pudiendo pasar en un mismo día de la máxima frustración al ver a un pueblo que parece haberse abandonado a sí mismo a la alegría que desprenden sus innumerables celebraciones religiosas.

Supongo que es por esto por lo que suele decirse que a la India o la odias o la amas. Aunque yo no lo percibí así. ¿Cómo odiar algo cuando conoces su historia? ¿Cómo mantener un sentimiento de amor entre tanta muerte, basura y desesperación? No podía acercarme por completo a ningún extremo, y creo que la mejor forma de explicar mi experiencia sería así:

A la India no vas para odiarla o amarla.
Vas para sentir.

UN MUNDO DE EXTREMOS

La propuesta de tener que decantarnos por odiar o amar la India no es un caso aislado. De hecho, la tendencia a reducir las opciones a los extremos ocurre en casi cualquier área que nos movamos, incluso en nuestra cabeza: si algo nos sale mal somos implacables a la hora de juzgarnos con dureza, y si nos va bien enseguida nos sentimos como verdaderos reyes entrando por las puertas de Babilonia, ignorando las emociones intermedias. Basta con echar un rápido vistazo a los diarios para comprobar la propensión de las noticias a la espectacularidad, bien sea por razones catastróficas o heroicas. Yo hace años que vengo observándolo en los medios deportivos, especialmente en el fútbol. Ahora, cada fin de semana se produce el gol de la historia, la pifia de la década o un récord que jamás de los jamases se podrá superar. Hasta la siguiente jornada, claro. ¡Caray, qué intensidad! ¿Es que ya no se puede marcar un tanto normal? Desde aquí mi reivindicación a favor del gol de churro con la puntera y tras rebotar la pelota en dos rivales.

La necesidad de llamar la atención para hacernos ver ha ido dividiendo el mundo en dos —a un lado, lo increíble y excepcional; al otro, lo terrible e irrisorio—, perjudicando a una *clase media* en la que, *spoiler*, nos encontramos todos. Personalmente, creo que reducir las experiencias al blanco o al negro es tan peligroso como empobrecedor. Primero, porque nos aísla de la enorme gama de colores que nos ofrece cada día, y segundo, porque nos mantiene en un estado de constante comparación en el que —salvo algunos momentos puntuales de nuestra vida— siempre vamos a salir perdiendo. ¿Qué es un paseo por el parque con tu chica al lado de esa pareja de guapos que sobrevuela la Capadocia en un globo a juego con su ropa? ¿Quién eres tú para desafinar con tu guitarra mientras las verdaderas estrellas llenan los estadios de todo el mundo? Mejor ni lo intentes.

Y lo mismo ocurre con los sentimientos. ¿Cómo te atreves a preocuparte por tu presupuesto para las próximas vacaciones con las desgracias que ocurren ahí fuera? Cállate y sé agradecido, que le estás fallando a la taza que te regalaron y te obliga a ser feliz.

¿Te gustan las tazas con frases? Pues prueba con esta:

» Tu vida no es una mierda. No necesitas seguir los pasos de nadie, responder a ningún canon, sentir lo que no te sale, vivir la vida que no es tuya.

Vale, quizá no sea muy poética, pero a buen seguro hará que tu magdalena sepa mejor cuando la mojes en el café y puedas empezar el día aceptando tu historia.

Y uno se mira en mitad de tanto espectáculo y dice: «Vaya, si no pertenezco al mundo de los que brillan, ¿será que no soy suficientemente brillante?». Y es entonces cuando te sientes decepcionado, insatisfe-cho e incómodo en tu piel, olvidando lo que crees de la vida para buscar no lo que esperas de ella, sino lo que haga que el mundo te entregue alguna de sus etiquetas espectaculares.

Y empieza todo a torcerse. Te compras mil cosas que no necesitas. Dices lo que no piensas. Callas lo que realmente sientes. Persigues dinero antes que tu pasión. Buscas elogios en lugar de amor verda-dero. Usas las redes para llamar la atención. Reba-jas los logros de los demás. Y haces lo que sea por destacar en vez de cooperar y encajar en lugar de pertenecer.

Y sin darte cuenta te has alejado tanto de ti mismo, de tu verdad, que ya no sabes cuál era el camino de vuelta:

—¡Maldita sea, «Quién soy yo» *no es una asigna-tura que se estudiara en la escuela!*

Y te duele, pero acabas por naturalizarlo porque, a fin de cuentas, casi todo el mundo hace lo mismo.

ÚNETE AL CLUB

Como maestro durante mucho tiempo en *dime qué quieres que sea y lo seré para ti* —frase robada de *El diario de Noa*—, sé las consecuencias de vivir con un ojo puesto en la búsqueda de agrado o brillantez y la frialdad que deja a la larga en el corazón, como también que cada paso que he ido dando hacia mostrarme tal y como soy, sin importar el lugar del pódium en que eso me deje, me ha conectado con un mundo de amor del que ya no encuentro modo de regreso.

¿Crees que te falta algo para ser valioso?
Si es así, yo también lo creo: faltas tú.

Durante mis años de exposición en las redes sociales he aprendido algo: los momentos de mayor conexión con mi comunidad nunca han venido de acogerme a los halagos que derivan de algunos de mis escritos o aventuras —y, por supuesto, tampoco de los calificativos desafortunados de unos *haters* decididos a sacar su rabia con lo primero que se encuentren—, sino de aquellos instantes en los que he llorado, compartido alguna de mis inquietudes o, sencillamente, dejado ver mi lado más humano con honestidad. ¿Y por qué? Porque no nos une lo brillante, sino lo real.

Y es que, si bien son los extremos lo que más llama nuestra atención, son también lo que menos nos representa. No dejo de sorprenderme cada vez que un valiente se atreve a ir a contracorriente para decir en voz alta cosas como «¿Sabes?, creo que yo aún no me acepto» o «Si volviera atrás no tendría hijos» y, lejos de ser lapidado o juzgado, encuentra un séquito de manos alzadas que responden «A mí me pasa igual, gracias por contarlo». Y asusta, pero libera. Al tiempo que nos propone una nueva definición de valentía:

**Valentía es ser capaz de mostrar
lo que tienes en el corazón.**

Por suerte o por trabajo (o por mezcla de las dos) he tenido la oportunidad de tocar algunas *cimas*, y en todas ellas he comprobado algo: allí no hay nada. Pretender ser perfecto, brillante o especial es algo que poco a poco estoy quitando de mi lista de deseos. Y esto no tiene que ver con esforzarse por hacer las cosas bien, tratar de sacar nuestra mejor luz o querer ser especial para unos pocos, sino con saber que cada uno de los triunfos de

uno son parte de la belleza de todos, y que buscar destacar por el simple hecho de distinguirnos solo conduce
a la soledad.

Tratar de forzarnos a encajar en cánones basados en
una supuesta perfección es agotador. Y no solo eso, sino
que alimenta un sentimiento irreal de insuficiencia que
provoca que vivamos escondidos. Además,

*¿Qué pretendes esconder? ¿Que eres humano?
¿Que tienes miedos? ¿Que no siempre estás feliz y
no todo lo haces bien? Bienvenido a la vida.*

*Piénsalo. ¿No irías más ligero si te dejas «ser» tam-
bién sin brillar? ¿No encontrarías más conexión si
aceptas que estamos todos igual y te unes al club?*

Y aquí el mensaje oculto de la India: para acercarnos
a una vida de la que nos duela marcharnos —una vida
llena de amor y conexión—, el primer paso es reconocer
que entre el destello de lo aparentemente bello y perfecto y la completa oscuridad de lo grotesco e incorrecto,
también hay mucha luz.

Y esa luz se llama VERDAD.

HACIA UNA VIDA AUTÉNTICA

A buen seguro, si hiciéramos una lista de calificativos con los que nos gustaría que la gente nos percibiera, dos estarían entre los más elegidos: «valientes» y «auténticos». Nos gustan las personas así y querríamos ser así. La simple idea de poder movernos por el mundo diciendo lo que sentimos, creando conexiones sólidas y verdaderas o persiguiendo con determinación nuestros sueños, ya podría justificar una vida entera. ¡Pero nos cuesta tanto! En mi opinión esto no se debe a que el premio de vivir de manera genuina no sea grande, sino a que hay otros premios más pequeños e instantáneos que favorecen que vivamos agazapados.

Quizá te suene alguno:

» Quiero que me quieran como soy, pero esperar a que alguien se me acerque por mi corazón lleva más tiempo que subir una foto con mi mejor pose y tener la bandeja de mensajes llena. Aunque en el fondo solo les importe el envoltorio.

» Sí, apostar por lo que me apasiona me daría muchas alegrías en el futuro, pero evitar la cara de decepción de mis padres cuando les diga que quiero ser actriz me alivia. Económicas está bien.

» La verdad es que no estoy nada de acuerdo con la posición política que están defendiendo mis compañeros de trabajo durante la cena, pero si me guardo mi opinión, seguro que me invitan a la siguiente. Mejor voy sacando el postre.

» Siento que mi pareja no me trata como me gustaría y que apenas cuenta conmigo, pero compartir facturas y mantita los domingos da mucha seguridad. Pensándolo bien, las migajas también son pan.

Cierto: pan para hoy y hambre para mañana. La vida está llena de recompensas cómodas e inmediatas, y de no ser por ellas, nadie dudaría en pelear por el premio grande. En realidad, ocurriría lo contrario. Saldríamos tan escopetados de aquellas personas que no respetaran nuestros sueños o nuestra forma de ver la vida que a poco que nos observaran con detenimiento, se quedarían boquiabiertos al ver que, con o sin ellos, seguimos adelante. Sería una postura de lo más sana: «¿Qué es eso de ser censurado por tener mi opinión?» «¿Cómo que te alejas por mostrarme como soy?» «¿De verdad te enfada que tenga mis propias ambiciones?» Yo creo que hay gente así porque nadie les para los pies, pero ese es otro tema, además de una forma de responsabilizar a los demás de una decisión que solo nos pertenece a nosotros.

Lo que aquí me interesa que veamos es que cuando algo es notablemente bueno, suelen aparecer sus sucedáneos, y que al lado de una versión *Premium* casi siempre hay una *Lite* dispuesta a cautivar a aquellos que han renunciado a la gama más alta; esa que quizá en el centro comercial no podamos adquirir por ser muy cara, pero que en el mundo del amor, los sueños y la verdadera conexión se alcanza solo con cuatro palabras: «siento-que-lo-merezco».

CONTAR TU VERDAD

Yo creo que todos tenemos derecho a sentir como lo hacemos, así como a perseguir los sueños que portamos dentro, y que no hay justificación para escondernos. Pero mientras pongamos la energía en evitar cualquier incomodidad, no vamos a ejercer este derecho.

En uno de mis viajes, tuve la ocasión de vivir un caso muy claro de cómo hacer frente a la incomodidad puede llevarnos a una conexión más profunda con los nuestros. En realidad, es algo que sucede cada día, pero aquella experiencia supuso un punto de inflexión a la hora de relacionarme con la verdad. Tuvo lugar en Nusa Penida, una de mis islas favoritas de Indonesia, y a la que siempre que puedo me acerco para bucear entre sus gigantescas mantarrayas [13]. La primera vez, acudí con unos amigos que había conocido días antes en Bali. Nos movimos en *scooter*, recorriendo la isla de punta a punta durante una semana. Por aquel entonces, mi manejo de la moto era bastante limitado, ya que no conducía una desde hacía más de diez años. Mis nuevos amigos, por el contrario, eran todos unos expertos. Subían, arrancaban y echaban a correr como si Valentino Rossi les estuviera mirando. «Hasta luego, ¿eh?» Aquello me ponía de los nervios. «¿Es que no veis que las carreteras están mal asfaltadas y llenas de tierra?», pensaba constantemente. Yo me limitaba a seguirles con mucho esfuerzo, pero por dentro iba maldiciendo. «¡Desconsiderados!», «¡insensatos!», «¡imprudentes!». Estas eran solo algunas de las palabras más finas que se me venían a la cabeza. Iríamos a 60 kilómetros por hora, pero a mí me parecían 300 en las zonas de frenada.

En un momento dado, ya no pude seguir más su rueda, y me quedé atrás, solo, lo que incrementó mi enfado. Reduje la velocidad a modo de huelga y tomé una decisión: cuando volviera a encontrarme con ellos les cantaría las cuarenta. A fin de cuentas, contaba con todos los argumentos para defender que eran unos incautos y malos compañeros. Cuando ya tenía mi discurso preparado, uno de los chicos apareció de frente. Había vuelto para buscarme y, sin apenas detenerse, gritó: «*Come on, Pablo. Don't be a pussy! We are waiting for you!*» Y volvió en dirección al resto. Mi *speech* quedó para mí, mientras salían llamas de mis ojos. «*Don't be a pussy?*», repetí en mi interior. «Pero ¿esto qué es, la vuelta a la caverna?» No soporto la asociación de la velocidad —y la imprudencia— con la hombría.

Volvía a estar a solas con mis pensamientos y mi futuro discurso. Por un lado, deseaba reprocharles su comportamiento, me parecía lo justo, pero por otro no quería crear malestar en la gente con la que iba a pasar los próximos días. Busqué alternativas: «¡Ya lo tengo! Recopilaré datos de accidentes de moto por exceso de velocidad y se los enseñaré... *Ná*, demasiado pedante. Además, ya lo saben». «Mmm, vale, ¡ya está! Me choco contra una palmera, me muero y por la noche aparezco como un espectro para demostrarles que yo tenía razón.» Pausa. «Ay, no sé. ¿De qué me sirve ganar si por el camino me lo cargo todo? Además, mi madre seguro que se enfada. Descartada.» Sopesé muchas opciones, y en todas fallaba algo. Hasta que di con una que, aunque me inundaba de vergüenza, no parecía tener ninguna fisura: decir la verdad. No la de los datos. No la de la ética o el código de circulación. La mía.

Cuando nos detuvimos para la cena, esperé el momento, respiré una bocanada de coraje y lo solté:

—Chicos, no voy cómodo a esta velocidad. No sé si es rápido o lento, pero temo que por ir más deprisa de lo que yo puedo llegue a tener un accidente. ¿Podéis ayudarme y ajustaros a mi ritmo?

Tierra, trágame. Me sentí tan diminuto como desarmado. Acababa de dar todos los argumentos para que, si alguien realmente pensaba que ir más despacio era cosa de *débiles* o *nenazas* —sea lo que sea que signifique esa estupidez—, se riera de mí.

Pero no ocurrió así, y aquellas palabras lo cambiaron todo. Durante los siguientes días no solo bajaron la velocidad, sino que cada poco me preguntaban cómo iba, lo que, además, nos unió más como grupo. Fue incómodo, pero sobrepasar *la línea de incertidumbre* esta vez tuvo recompensa en forma de *puntos* muy *dorados*.

Con la conexión ocurre como con los felinos. Si te muestras como un león, la gente huye o te ataca, pero si te muestras como un gatito lo que quieren es tocarte, cuidarte y abrazarte. El problema es que, aunque todos preferimos rodearnos de gatitos, a la hora de elegir nos gusta ser vistos como leones.

Dicho de otro modo: nos gusta la gente vulnerable, pero no nos gusta que nos vean vulnerables.

EL «MÉTODO VALV»

Como digo, la experiencia con las motos de Nusa Penida fue un hito para mí, así que decidí ponerle un nombre y hacerme una de mis pulseras solo para recordar el camino que debía seguir. Sería de color burdeos, como el corazón, y representaría la importancia de dejarnos ver para lograr conexiones auténticas y profundas, aunque hacerlo implique algunos riesgos, como afrontar la incomodidad.

A esta nueva filosofía la llamé «VALV», que significa «Venga, y Ahora La Verdad». Consiste en buscar qué es lo que realmente nos duele o nos asusta y separarlo de lo que en ocasiones decimos a modo de excusa o protección, con el fin de generar una conversación auténtica con los demás y, sobre todo, con nosotros mismos. Lo veremos con algunos ejemplos:

> **Lo Que Decimos (LQD):** No me parece bien que hables con esa chica. Se nota que le gustas y eso es una falta de respeto hacia mí. Si de verdad me quieres, deberías cortar toda relación con ella.

> **Venga, y Ahora La Verdad (VALV):** Jo, siento celos cuando te veo con esa chica. La encuentro tan guapa y divertida... ¡y yo estoy en una época tan baja de autoestima! Me siento pequeñita a su lado. Tengo mucho miedo de perderte.

LQD: ¡Mírala! Toda su vida dedicada al maquilla-je y ahora le da por hablar de la vida mientras via-ja por el mundo. ¿Quién se habrá creído que es? No sé cómo puede sonreír tanto, debería darle vergüen-za y considerar más el trabajo de los que llevan tiempo dedicados al desarrollo personal.

VALV: Uf, ver a esta chica me duele. Ser capaz de reinventarme es algo que siempre me ha asustado, ¡y más a mi edad! Y ella lo ha logrado viajando, algo que yo he querido desde niña. ¿Y si no soy tan valiente como pensaba? Tal vez debería preguntar-le cómo lo ha hecho.

LQD: Hijo, ser mago no es una carrera con salidas, y la idea de irte a Houston a estudiar me parece descabellada. Al final solo triunfan unos pocos. Además, a ti siempre se te han dado bien los núme-ros. ¿Has pensado en estudiar una ingeniería?

VALV: Me pondría muy triste que mi pequeño se fuera de casa, le echaría tanto de menos. Pero es su vida, y si quiere eso, es lo que tiene que hacer. Qui-zá debería apoyarle y considerar que mi miedo a que fracase no es más que mi miedo a sentir que he fracasado yo.

Qué difícil, ¿verdad? Cómo cuesta decir «tengo miedo a perderte», «esto me duele» o «no me siento lo bastante apto». Qué complicado es decirle a alguien «te quiero» cuando aún no se ha pronunciado, o pedir ayuda cuando siempre nos hemos tenido por autosuficientes. Pero es la manera de vivir de forma genuina. De marcharnos de este mundo sintiendo que lo hemos hecho a pleno corazón.

Nos cuesta porque asociamos contar con los demás a no sentirnos fuertes y suficientes. Porque creemos que debemos serlo. Y, sin embargo, ¡nos sentimos tan bien cuando apoyamos nuestra humanidad en otras manos! Yo hace tiempo que vengo pensando en algo:

> *¿Y si en realidad nadie es suficiente? No me refiero al concepto de que con lo que somos o lo que tenemos ya está bien para seguir adelante, eso es irrenunciable. Me refiero a la creencia de que tenemos que valernos por nosotros mismos a cada momento, ser independientes. Quizá sea esa la razón por la que cuando nos vemos ayudados nos sentimos como en casa. Quizá nuestra esencia no sea caminar en solitario, sino contar los unos con los otros, estar unidos, ser un verdadero equipo.*

> *A fin de cuentas, «Casa» nunca es a solas.*

Tal vez esté delirando. Debería llamar a Raj.

Por cierto, ¿te has dado cuenta de que las respuestas LQD tienden a buscar la argumentación y las respuestas VALV buscan hablar desde lo que sentimos? Por eso lo primero nos separa y lo segundo nos conecta. Porque no somos seres racionales, sino emocionales.

Si la línea recta es la distancia más corta entre dos puntos, la verdad es la distancia más corta entre dos corazones.

A SOLAS CON TU MONSTRUO

Decía Tim Ferriss que el éxito de una persona se mide por el número de conversaciones incómodas que esté dispuesto a tener. Y estoy de acuerdo, siempre y cuando esas conversaciones sean con nosotros mismos.

En el caso del dolor, la incomodidad proviene de mirar a la verdad que lo produce. Nos avergüenza integrar que somos frágiles y vulnerables, como si al hacerlo diéramos pistas al mundo de las fisuras por donde pueden introducir sus flechas si quisieran herirnos. Y las tapamos. Unas veces, a través de la negación; otras, buscando excusas o culpando a los demás; y otras, bajo un falso perfeccionismo. El problema es que al tapar estas fisuras no acabamos con la causa de nuestro malestar principal, que no es el dolor en sí, sino el sentimiento de que es malo sentir ese dolor. Y lo perpetuamos. Dicho de otra forma: al actuar sobre el síntoma y no sobre el origen, propiciamos que nuestro sentimiento de malestar por ser frágiles y vulnerables siga merodeando en los distintos escenarios de nuestras vidas.

Y aquí la confusión:

La vulnerabilidad no es un rasgo de debilidad, sino de humanidad. Cerrar la puerta a nuestra fragilidad es cerrar la puerta a la vida.

Llegados a este punto, creo que todos necesitamos una buena charla con nuestro monstruo. Yo lo llamo así, y es ese ser terrorífico (y peludo) que viene para decirnos cosas que no nos gustan cuando estamos enfadados, tristes o resentidos. El mío es azul y, aunque no me cae muy bien, debo admitir que es muy inteligente. Siempre que se pasa por mi *casa* hace lo mismo: entra hasta el fondo, llega a la cocina, se prepara un *smoothie* de frutas y se sienta en el sofá, desde donde me clava sus enormes ojos saltones. La primera vez que lo hizo me sorprendió

—¿desde cuándo los monstruos beben batidos *fitness*?—, pero no me dio miedo. De hecho, pensé: «Este monstruo es tonto. Si se queda ahí sentado puedo irme tranquilamente por la puerta y fin del asunto. De haber sido él, habría bloqueado la entrada». Y me fui tan contento. Pero al poco tiempo de estar fuera me di cuenta de su jugada: «¡Mierda, no puedo volver, el monstruo está allí!». Así que la única solución para pisar de nuevo mi *casa* es sentarme a escucharle. Y eso sí que asusta. Bien visto, *Pelos*.

Normalmente la conversación empieza con unos rugidos:

—¡Roaaaaaar, roaaaaaar, roaaaaaar!
—¿Perdona? No te entiendo.

El que hace «Roaaaaar» soy yo. Él habla muy claro. Demasiado. Tanto que desde que hace sus apariciones ha llegado a decirme cosas muy duras. En una ocasión, por ejemplo, me encontró maldiciendo a un viejo amor y, acercando la pajita a su boca, me dijo: «Eh, que no te quisiera o te tratara mal no evita el hecho de que fuera el camino que tú elegiste». Sorbo. «O quizá, en lugar de mirar únicamente lo que ella no te daba, deberías revisar cuánto diste tú.» Sorbo y daño.

Tengo cientos de casos. Hace un par de años, tras rechazar una propuesta para participar en unas conocidas charlas, fue demoledor: «Muy elegante eso de decir que no tienes tiempo, pero cuando te lo vuelvan a proponer, ¿seguirás ocultando que no te sientes a la altura?».

Pelos se presenta con relativa frecuencia. Algunas veces se queda solo unos minutos, pero otras es capaz de estar semanas, hasta que integro la verdad de lo que ha venido a contarme, momento en que se levanta y desaparece, diciendo algo parecido a esto:

> —Por fin lo has entendido, pero no te confíes, volveré a visitarte. ¡Ah, y compra más piña, que se te ha acabado!

Reconocer nuestras fragilidades nunca resulta cómodo, pero es la forma de poner delante de nosotros las partes que menos amamos y empezar a abrazarlas también. Solo desde ahí podemos hacernos responsables, recuperar el protagonismo y seguir avanzando en nuestro crecimiento.

Piénsalo un rato. Yo tengo que ir a la frutería.

LA IMPORTANCIA DE DEJARNOS VER

Mostrar tu verdad sea cual sea, ahí reside todo. Y no importa que no sea brillante, que te parezca imperfecta o que creas que es poca cosa al lado de la de los demás. Es necesario. Y la razón es tan lógica como biológica:

> » Todos queremos ser amados. O, mejor, todos lo necesitamos. No para sobrevivir, pero sí para sentirnos completos y realizados. Pero para ser amados nos tienen que ver, y si nos ocultamos no pueden vernos, o lo que es lo mismo, no pueden amarnos. Dicho de una vez: no hay camino al amor que no sea a través de la verdad. Tu verdad.

Sí. Mostrarnos es el camino hacia el otro. Y es arriesgado, porque al hacerlo quedamos desnudos y expuestos, pero no hay otra vía. Cada vez que nos escondemos bajo un personaje o encontramos una razón para ocultar lo que llevamos en el corazón, surge una capa de armadura que nos protege de los posibles golpes, pero también de sentir el amor y la conexión que todos anhelamos.

A lograr un mayor grado de conexión con nosotros, con la vida y con los demás, va dedicado el resto del capítulo. ¡Ah, y a hablar de marsupiales!

EL MEJOR BAILARÍN DEL MUNDO

Imagina a un canguro dando botes de manera aleatoria mientras sujeta en su *mano* derecha un ron-cola hasta arriba de hielos. La música suena y el canguro sigue brinca que te brinca con sus enormes pies, pisando a todo el que se encuentra alrededor. Para más inri —por cierto, me hace mucha gracia esta expresión—, ni uno solo de sus saltos coincide con el *pam* de la canción. Platillo, salto, platillo, salto. Nunca a la vez. El peculiar canguro va vestido con una camisa de cuadros rojos y negros, unos vaqueros cortos rotos y, en la mano que no porta la copa, lleva unas pulseras de colores con unos cohetes que utiliza para recordarse no-sé-qué. ¿Lo tienes? Bien, pues ese canguro soy yo en una discoteca.

Soy el peor bailarín que puedas imaginarte. Si pensabas que eras tú, podemos batirnos en duelo cuando quieras, aunque ya te aviso que no tienes nada que hacer. Soy el típico que mira a los de alrededor para imitar sus pasos sin decoro alguno, y ese al que si le ofreces bailar una bachata te pone a dar una vuelta tras otra para camuflar que no tiene ni idea del movimiento que toca después. «¿Un, dos, tres... pico?» No había visto tanta complejidad desde que me hablaron de los logaritmos neperianos. Demasiado libre para seguir ningún ritmo.

Pero ¿sabes lo mejor de todo? Que no me importa.
Y creo que —junto a pensar con siete años que podía
convertir las semillas de una granada en rubíes— esta ha
sido una de las mayores revelaciones de mi vida.

**El peor bailarín no es el que baila mal,
sino el que nunca sale a bailar.**

Y es que ser capaz de atreverme a bailar delante de gente ha resultado ser un golpe de amor propio sobre la
mesa y un paso de gigante hacia una vida repleta de
abundancia, así como una regla que aplicar a todo lo
demás. Desde luego, no ha sido un proceso de un día,
sino de muchos años. Hasta lograrlo, creía que para
lanzarte a mover las caderas tenías que ser bueno en ello,
y que solo aquellos que bailaban de manera sobresaliente tenían derecho a asaltar la pista central. Por supuesto,
no era una creencia que yo verbalizara, sino un sentimiento que latía dentro de mí y que cubría diciendo
cosas como «a mí no me gusta bailar» o «yo es que soy
más de hablar con gente en la zona de los sillones».
Mentira gorrina. Me encantaba, como a todos, y lo sé
porque lo hacía mientras cocinaba, al salir de la ducha
o cuando las cosas me salían bien (tengo toda una co-

reografía para esos momentos con la canción *That's the way the world goes round*, de J. Prine).

¿Qué cambió para que pasara de esconderme a la pista de baile? ¿Acaso me apunté a una academia y empecé a bailar como un profesional? ¿Es que la gente que podía soltar alguna risita al mirarme desapareció de la noche a la mañana? Nada de eso. Lo único que cambió fue una pregunta:

«¿Hacerlo bien o divertirme?».

PMV: PERSONA MÁS QUE VALIOSA

Me encanta una frase de Voltaire que dice que «lo mejor es enemigo de lo bueno». Me gusta tanto que la he ignorado casi siempre. De hecho, si pudiera viajar al siglo XVIII le diría: «Eh, François —así le llamaríamos los amigos—, no te olvides de poner una nota al pie que diga que lo mejor también es enemigo de lo normalito tirando a malo». Y entonces Voltaire me miraría, daría una voz de alarma y sus guardias me llevarían a una mazmorra hasta que les contara de dónde había sacado una máquina del tiempo. Bueno, eso y por qué los canguros hablan. (*Oh, merde!*, olvidé volver a mi estado humano.)

De vuelta a mi era, me detendría a pensar en las veces que exigirme hacer algo de una manera brillante para lanzarme me privó de algunos de los mejores bailes de mi vida. Y me vendría la llorera. ¿En qué hora aprendí que el amor y la valoración se ganan haciendo las cosas bien? ¿Por qué hace falta que nos quieran o valoren para disfrutar de una buena experiencia? O, dando un paso más, ¿quién determina que algo sea suficiente? La respuesta a esto último vendría como un rayo:

No hay acciones suficientes (o insuficientes);
son las personas quienes deciden
si ellas mismas lo son.

Hay una idea que me fascina del mundo del marketing y los negocios que puede ayudarnos en este proceso de reconocimiento de nuestra propia valía. Y es el concepto de PMV o Producto Mínimo Viable. Según esta propuesta, una de las formas más eficientes de sacar un producto o servicio es hacerlo cuando no está del todo perfecto o acabado. ¿Y por qué? Porque nos permite ir generando ingresos desde el inicio —así como obtener el *feedback* de los primeros compradores— para ofrecer un producto mejor y más avanzado en el futuro. Dicho de una manera más sencilla: lánzate con lo que tengas y ya mejorarás por el camino.

Creo que esta teoría esconde tres de los secretos de la vida auténtica que buscamos:

1) No hace falta que algo sea perfecto para dejar tu parte de belleza en el mundo.
2) Un poco siempre es mejor que nada.
3) El mayor crecimiento se produce en marcha.

Como en nuestro caso no somos productos, sino personas (o canguros), me he tomado la licencia de cambiar las palabras que componen PMV sin perder con ello ni su esencia ni sus iniciales. Quedaría así:

PMV = Persona Más que Valiosa

«Entonces, ¿todos somos valiosos?» Sí. Y no solo eso, sino que siempre podemos dejar algo hermoso en el mundo. Incluso en las circunstancias más adversas. Ahora bien, llegar a sentirnos suficientes y valiosos no es algo que se consiga mirándonos al espejo y repitiéndonos un millón de veces «Yo valgo», sino sacando la patita fuera de *la zona media* y comprobando por nosotros mismos

qué sucede. Ese es el cuarto secreto que nos deja la teoría del Producto Mínimo Viable:

4) Los beneficios se reciben cuando nos mostramos.

Ser o no valioso es algo que te dices tú mismo, pero que
te demuestra la vida cuando te atreves a *usarla*. Emplear
el método del espejo o empapelar toda la casa con pósit
es más de lo mismo: esperar a estar listo para lanzarte.

DEJAR BRILLAR TU TORPEZA

Una buena forma de hacer propio el sentimiento de valía
es sacar a relucir tus habilidades más imperfectas. ¿Acabas
de empezar a tocar el ukelele? Quizá sea hora de probar
tu *Somewhere over the rainbow* en una sesión de micro
abierto. ¿Quieres dar a conocer tu trabajo en redes pero
te cuesta hablar en público? Tartamudea en directo. ¿Te
gusta pintar aunque lo haces en secreto? Monta una exposición en casa e invita a tus amigos. ¿Ridículo? Reclamo
de tu derecho a jugar. Es lo que yo llamo «dejar brillar tu
torpeza», y el único requisito es permitirnos seguir adelante incluso cuando no somos buenos o nuestras creaciones
están incompletas. Como, por ejemplo, dejando a medias
este apart

DOS IDIOTAS

Tienes que quererte, dicen, amarte por encima de todo. Y tienes que hacerlo porque, de lo contrario, aseguran, nadie lo hará. Tienes también que curar todas tus heridas: las de la infancia, las de tus caídas, las que dejaron los que se fueron... porque si no lo haces, te dirán, volverán a salir. Ah, y olvidar tus historias del pasado, por supuesto. Pues parece lógico que, sin crear primero un espacio, nada nuevo podrá entrar.

La verdad es que hay días en los que uno se levanta sintiendo que haga lo que haga siempre faltará un tramo. Que el montón de tareas por hacer siempre será mayor que el montón de las tareas realizadas. Y que o nacimos algo idiotas o simplemente somos insuficientes.

Y cansa. Cansa la sensación de que siempre se debe hacer más. De que el cole nunca acaba. Cansan los «hay que», los «tienes» y los «deberías». Agota mucho sentir que el amor es una meta y que, hasta que no completemos la carrera y el posgrado de «Autoamor», no podremos disfrutarlo.

Pero no es así. Y un día te darás cuenta.

Verás como la vida es más sencilla y que de pronto, en mitad de tu escuela, llega una persona con la que no hace falta ser tan experto ni estar tan curado. Y que funciona. Una persona que, sin saber por qué ni analizarlo demasiado, produce en ti un cambio extraordinario. Y que donde antes dudabas ahora confías, donde antes temías ya te lanzas y donde lo que creíste feo en ti ahora te encanta. Una persona que, como tú, es imperfecta, pero que al hacer contacto contigo, crece. Saltando donde un día se escondía, brillando donde antes se apagaba.

Qué bonito es encontrar a dos valientes que descubrieron que no siempre hace falta acabar para empezar. Estar listo para decir «¡Ya!».

Qué gran alivio es saber que a veces no es preciso ser tan bueno para jugar, sino encontrar el viento cuando tú eres alas, la barca cuando eres mar.

Qué descanso es aprender que aceptarse es suficiente para disfrutar y comprender que, casi siempre, con dos «idiotas» que coincidan, basta.

AUNQUE NO TE QUIERAN

Me gusta la idea de reconocernos algo *idiotas*. A mí cada día se me da mejor. Sencillamente, me libera de la carga de tener que hacerlo todo bien para sentirme merecedor de amor. Y esto ocurre gracias a que hay personas que te quieren así también. Y no solo eso, sino que te ven maravilloso aun con tus defectos y torpezas. Al principio, puede que sintamos ganas de aclarar a toda costa que debe de tratarse de un error: «¿Tú estás seguro de que esa persona maravillosa de la que hablas soy yo? Pero si antes me dijeron que...». Y resulta que sí, que eres tú, y aun siendo igual de *idiota*, por alguna razón hay a quien le parece suficiente. Y es entonces cuando te inclinas por callarte, mejorar desde ahí y empezar a disfrutarlo.

Además, no tengo muy claro que ser perfecto y excelente sirva para que te quiera todo el mundo, pero sí que cuando eres tú mismo, el amor que llega es de verdad. Y, a fin de cuentas, eso es lo que estábamos buscando. ¿No?

No hay amor más real que aquel que llega cuando no lo buscas a cualquier precio. Cuando estás dispuesto a mostrarte, aunque no te quieran.

4

Sobrevivir a la opinión de los demás

Pulsera Everest (Azul)

> Veinte personas en el campo y ochenta mil en las gradas. Los espectadores son los que han pagado por asistir, pero son los jugadores del campo los que están vivos de verdad.
>
> SETH GODIN

Ahí estaba, a solo unos pasos más, el escenario natural más sobrecogedor que jamás hubiera visto. A los pies, algunos lagos que sobrevivían a las bajísimas temperaturas de la zona, pequeños ríos de deshielo y glaciares que unas horas antes crujían a mi lado; en lo alto, decenas de crestas nevadas de la gran cordillera del Himalaya; y justo delante, esperando a que ascendiera, el objetivo de mi aventura, el accidente geográfico con el que todo gran alpinista sueña y con el que cada niño aprende que toda montaña que contemple siempre tendrá una más alta, menos cuando se trate de este gigante que desde la distancia me susurraba: «¡Venga, que solo queda un poco más! ¡Ya casi estás!».

«Las cosas hermosas no necesitan llamar la atención.» Siempre me encantó esta frase. Quizá por eso el monte Everest no estaba solo. A su lado, había otras muchas montañas que, según el ángulo de visión, podían llegar a parecer incluso más altas, pero yo sabía que no era así, y tenía muy claro cuál era la que había ido a ver. Creo que los grandes tesoros de la vida no están al fácil alcance de todos. De lo contrario, los robarían en seguida. Para descubrirlos, hay que salir a por ellos, poner algo de nosotros. Tras casi dos semanas caminando entre paisajes sin igual —después de días de muchísimo frío, cambios fuertes de presión, algunas caídas y el temido mal de altura—, solo me quedaban unos metros. Los últimos.

Como suelo hacer cuando viajo rumbo a mis mayores sueños, quería grabar el momento. Debía ser cuidadoso, pues una excesiva atención a la cámara podía privarme de conectar plenamente con una experiencia irrepetible. Ya me había ocurrido otras veces, así que me detuve durante unos segundos y me dije a mí mismo: «Dedícate a subir y a sentir. Olvídate de hacer guiones. Lo que quede grabado, será la verdad». Y pulsé el *REC*.

Lo que salió de aquella grabación queda para mi recuerdo como el momento más intenso y vulnerable de todos los que haya compartido nunca con mi comunidad. Tanto que cuando vi el material pensé que jamás llegaría a enseñarlo a nadie que no fuera mi disco duro. Como sabes, no ocurrió así, y por primera vez en ocho años mostrando mi trabajo, dejé que mis lágrimas fueran para todos. Lo hice por una simple razón: cada una de ellas contenía en unos pocos segundos toda mi historia resumida, mi corazón y la causa en la que más creo:

Tienes que pelear por la vida que amas.

«LE DIJERON QUE ERA IMPOSIBLE. LES SALUDÓ DESDE LA CIMA»

Aunque mi objetivo inicial era llegar al campo base del Everest, a 5.364 metros de altura, me habían hablado de una montaña de duro ascenso y casi solitaria llamada Kala Patthar, desde la que, según decían, se podía contemplar la mejor vista del monte Everest y varios ochomiles más, como el Lhotse y el Nuptse. Su ascenso, aunque no demasiado largo —solo trescientos metros más de altura—, era bastante duro, pero si lo que decían era cierto, había que intentarlo. ¿El menú? Temperaturas de menos veinte grados, rocosos tramos que escalar usando pies y manos y la ilusión de ver con mis propios ojos lo que antes solo encontraba en los libros. ¡*Play!*:

—¡¡5.648 metros!! —grité apretando los dientes mientras apoyaba mis manos en la roca y el fuerte viento golpeaba mi cara—. Cada paso que doy ahora mismo, jamás en mi vida lo voy a superar. ¡Nunca estaré tan cerca del cielo como lo estoy a cada paso! ¡No hay palabras, el techo del mundo! ¡5.648 metros! ¡Nunca estaré más alto, amigos! (...)

Mi derrumbe emocional estaba a punto de producirse. Busqué un lugar en el que resguardarme del viento, me despojé de la mochila y saqué de su interior un ejemplar del libro por el que di mi alma, *El universo de lo sencillo,* cuadrándolo en la imagen de tal manera que en la cámara se viera justo al lado del Everest:

—¡Mirad, amigos, mirad esto! Nos dijeron que no se podía vivir de una pasión, de un arte, de un sueño. ¡Que de esto no se comía! A todos aquellos que no creen... ¡saludos desde el Everest! Y a todos aquellos que tenéis dudas de si se puede, os diré una cosa. No importa una mierda si se consigue, da igual si no se llega a la cima, yo nunca llegaré a la cima del Everest. ¡Sube tan alto como puedas! A todos *aquellos*, os diré que lo importante no es si se puede o no se puede, sino que lo intentes. Lo importante no es conseguirlo, es vivir acorde a lo que amas (…)

Las lágrimas me caían por toda la cara como le caen a quien gana la medalla olímpica tras años de duros entrenamientos. Fueron los minutos para los que nací. Mi particular techo del mundo, el triunfo de mi primer gran sueño y mi libro se habían citado el mismo día, a la misma hora y en las mismas coordenadas. Mi cima personal y mi cima física habían coincidido aquel 27 de noviembre de 2019 en el lugar más hermoso que habían visto mis ojos. [14]

Hay dos tipos de personas: las que dicen que algo es imposible antes de intentarlo y las que se arriesgan a comprobarlo por sí mismas.

Ya no sentía el frío ni el cansancio. Ahora solo había paz. Fuera y dentro de mí.

EL ASESINO DE SUEÑOS NÚMERO UNO:
LA OPINIÓN DE LOS DEMÁS

Las lágrimas derramadas en el Himalaya fueron lágrimas de felicidad y realización, pero también de redención. Eché mucho de menos a algunas personas cuando mi sueño parecía inalcanzable. Sin embargo, creo que logré darle la vuelta y poner los obstáculos a mi favor, convirtiendo el dolor en motivación y la soledad en una causa con la que gritarle al mundo no solo que hay sueños que pueden conseguirse, sino que intentarlo es la aventura más bella a la que podemos enfrentarnos.

En la cima de Kala Patthar, junto al Everest, solo se vio la portada del libro, pero en su interior estaba el texto que resumía todo cuanto creía:

> *Los sueños no están para ser conseguidos, están para ser perseguidos. No cabe duda de que alcanzarlos no será fácil y de que, a veces, resultará incluso imposible, pero eso no es lo importante. Lo importante es vivir convencidos de que tenemos pleno derecho a intentarlo y elegir nuestro camino donde quiera que nos lleve, pues creer en ti no es creer que lo vayas a conseguir, sino creer que mereces hacer lo que amas.*

No había más que decir.

Fue muy duro para alguien que aún no sabía si le estaba pidiendo demasiado a la vida escuchar que «de escribir no se come», que quién me creía para pensar que dentro de mí podía haber algo tan valioso como para que la gente quisiera escucharlo, o que si seguía por ese camino y me faltaban recursos, no iban a apoyarme. Con todo, aprendí a perdonar y a abrazar el miedo y la ignorancia —porque, en mayor o menor medida, todos los padecemos—, y lo que más me interesaba en mi propósito: que la vida te pone continuamente pruebas de fe en las que no va a darte ninguna pista de lo que hay al otro lado, sino que eres tú y nadie más quien decide si saltas y te la juegas o sigues viviendo al borde de tu precipicio.

Perdonar no es vivir como si no hubiera pasado nada, es vivir como si ya hubiera pasado todo.

Durante estos años he aprendido mucho sobre cómo el hecho de conceder más valor a lo que otros creen que a lo que creemos nosotros puede llegar a menguar nuestra existencia. En primer lugar, porque tuve que hacer frente al salto de mi vida apostando todo a que merecía perseguir mi ilusión, aun cuando el viento del apoyo soplaba en contra; y en segundo lugar, porque por mi trabajo vivo enormemente expuesto a la crítica y mirada de los demás. Gracias a ello, he desarrollado una sensibilidad muy especial con aquellas historias de personas que quieren algo, pero topan con el muro de una opinión contraria o con la sensación de que si dejan salir su autenticidad perderán el amor de los suyos por el camino. Sé por experiencia contrastada que no es así, y subiría a ver el Everest las veces que hiciera falta para decirlo igual de claro, pero no más alto: tienes una sola vida y tienes que pelear por hacerla tuya.

Creo que es algo sobre lo que no hay elección en una vida valiente, implicada, auténtica: has de salir de la zona segura. Los grandes sueños nunca viven ahí. Ellos buscan un terreno más fértil, salvaje y apartado, incluso aunque tengan que convivir allí con fieros depredadores. Si viajaste, lo viste. No es posible ver a un hermoso puma entre bloques de hormigón, como tampoco a un gigantesco tiburón ballena en las piscinas del resort. Si quieres aspirar a todo, has de dar el salto, soltar tus manos del territorio protegido. Asomarte a las islas menos exploradas donde se esconden los grandes tesoros.

Puedo asegurarte que si pones especial atención en cada uno de los mensajes de este capítulo, tu vida puede llegar a cambiar por completo, tus sueños salir de la lista de espera y tu luz dejar por fin de esconderse.

En el ejercicio de tu valentía no podrás evitar defraudar a alguien. Así que defrauda pronto.

NUESTRO CHALECO ANTIBALAS

Me gusta la idea de vivir con el pecho descubierto, pero también la de portar en nuestro equipaje de mano un chaleco antibalas que nos ayude a seguir adelante cuando en el camino a nuestros sueños se interpone una zona de hostilidades y fuego cruzado. La alternativa sería quedarnos parados, renunciar a llegar, lo que puede ser tan peligroso como recibir una bala directa en el corazón. Lo que me gusta del chaleco antibalas es que su función no es esquivar la bala, sino evitar que esta nos mate en la batalla, o lo que es lo mismo, me gusta que quien lo inventó no pensó en el que se quedaba en casa a salvo de todo, sino en aquel que salía a combatir.

El coste de vivir en *la zona media* es alto y, sin embargo, demasiada gente lo hace. Es cierto que es seguro, pero a la larga provoca la desolación del alma. Puedes hacer la prueba. ¿Quieres que en tu familia tengan siempre una sonrisa? Estudia lo que ellos quieren, toma las riendas del negocio familiar, pregunta siempre antes de actuar. Lo mismo si eres mujer en un mundo que, aunque avanza, sigue arrastrando la cultura del pasado: ¿quieres estar segura? Mantente modesta, agradable y calladita. O en el arte: ¿te gustaría que en tu blog o red social no haya una sola crítica? Muy sencillo. Escribe lo que todos, sé popular, crea solo lo que quieran oír. Ahora bien, cuando hayas perdido la ilusión por la vida, cuando llegue a tu mente la frase «quiero algo distinto, pero no sé el qué», recuerda que la solución no pasa solo por bajarte del tren en el que estás, sino por volver a por tu esencia a la estación de la que un día partiste para, esta vez sí, subir los dos: tu cuerpo y tú.

Apostar por la zona tranquila de la vida puede librarte de muchas balas, pero nunca dará para crear nada extraordinario, para diseñar una vida de la que, aunque haya heridas, te sientas satisfecho y orgulloso. No hay riesgo mayor que el de nunca correr ninguno.

Yo tardé muchos años en dar el salto del vagón seguro en el que viajaba para volver a la estación de salida, recogerme y tomar un nuevo tren rumbo a lo desconocido. No fue sencillo, y todavía hay veces que tengo que regresar a por un trocito de mí, pero es un proceso en el que voy encontrando la calma de alejarme de aquellos que esperan que renuncie a *los puntos dorados* de la vida y parecerme un poco más a esos otros que verdaderamente admiro: personas que se arriesgan a compartir su visión del mundo, a defender su causa, a perseguir un sueño y alborotar de alguna manera el universo.

Cuando hablo de portar un chaleco antibalas[5] no me refiero a llamar a los SWAT y preguntarles si les sobra algún ejemplar resistente en su almacén de Manhattan —si ya tenías el teléfono en la mano, cuelga—, sino a la creación de un sistema sólido de creencias que nos proteja lo suficiente como para seguir adelante sin insensibilizarnos por completo de la vivencia. Una muestra más de que en nuestro ascenso triunfal las heridas son, a la vez que parte, compañeras.

---

5. Es importante distinguir un chaleco antibalas de una armadura. Mientras que la armadura es tan grande y pesada que nos inmoviliza y nos oculta, el chaleco es ligero y fácilmente transportable, por lo que no impide que nos impliquemos y conectemos.

Antes de considerar la idea de viajar con un chaleco que me protegiera de las opiniones de los demás, había intentado en un sinfín de ocasiones llegar a la frase «me da igual lo que piense la gente», pero nunca lo logré. Al menos, no sin perderme demasiado. Y es que, por mucho que tratemos de escapar, nuestra genética siempre se acaba pronunciando, y si queremos librarnos del genoma que nos recuerda que somos animales de abrazos, ha de haber un precio a pagar. En este caso, la desconexión. Creo que no hay nada de malo en escuchar el consejo de alguien que, como nosotros, ha vivido y tiene un ángulo de visión diferente, incluso aunque pueda resultar incómodo. El problema está en las opiniones de aquellos cuyo fin no es embellecer *la preciosa catedral* que con esfuerzo, implicación y pasión vamos creando ladrillo a ladrillo, sino dinamitarla hasta echarla abajo.

La desconexión no es una alternativa para una vida implicada y auténtica de la que nos duela marcharnos, como tampoco lo es dejar que las palabras y los pensamientos de otros marquen nuestras acciones o, lo que es más doloroso, nuestras emociones. La solución más efectiva, por tanto, pasa por la elaboración de una filosofía antibalas que, sin privarnos de seguir exponiéndonos, nos mantenga en pie, incluso cuando el impacto de la metralla pueda dejarnos algún moratón.

5 CREENCIAS PARA SOBREVIVIR A LA OPINIÓN DESTRUCTIVA DE LOS DEMÁS

Esta filosofía antibalas se compone de creencias. Mientras más las reforcemos, más aguantaremos en la batalla:

En este capítulo:

1) No es la opinión de todos la que debe importarnos, sino la de quienes también arriesgan y viven con coraje.
2) El mundo necesita voces y acciones valientes. Mostrar nuestra autenticidad no es solo un bien para nosotros, sino para todos.
3) Cuando creemos en nosotros mismos y nos mantenemos firmes en nuestras convicciones, logramos también el respeto de los demás.

En el siguiente capítulo:

4) El concepto que otros tengan de nosotros está condicionado por su propia forma de mirar. «Todos somos todo.»
5) La mejor forma de combatir el miedo, aumentar nuestra valentía y sentirnos más seguros y osados es creando un buen equipo.

DE GLADIADOR A GLADIADOR

¿Has intentado alguna vez comunicarte con una persona cuyo idioma y cultura son completamente diferentes? A mí me ha ocurrido en muchos países. Normalmente terminas entendiéndote con gestos, miradas o sonrisas, pero hay veces en las que nada de eso es suficiente. Lo más extremo que he vivido en este sentido fue en China, curiosamente, el primer día de todo mi viaje por el mundo. Era casi medianoche y acababa de aterrizar en el aeropuerto de Shangai. A la salida, y tras esperar una larga cola —de los mil millones de chinos, al menos la mitad debían de estar allí—, logré subirme a un taxi rumbo a mi hostal. ¡Misión fallida! ¿Cómo era posible que algo tan sencillo como seguir la flecha de un mapa en un teléfono no fuera suficiente para llegar al destino? «Flecha a la derecha es igual a coche a la derecha», ¿no? Pues aquel día no. Una vez leí que el gen de los chinos para interpretar los mapas es diferente, pero nunca logré contrastarlo. No importa, quedaba el plan B: pedirle al conductor que me llevara a cualquier otro sitio para dormir. Nunca fui el mejor de la clase en interpretación, pero después de ponerme las manos en la oreja en señal de «almohada» y hacer el bicho bola en el asiento trasero creo que nos entendimos. Ya solo me quedaba explicarle que eligiera un sitio barato. Consejo: si vas alguna vez a China, decir «¡*Cheap, cheap!*» mientras haces el gesto del dinero con los dedos y bajas el pulgar, ¡no funciona! ¿Resultado? Una maravillosa puerta de un hotel de cinco estrellas que mirar desde la boca de metro donde me quedaría a dormir aquella noche. Era solo mi primer día de viaje y ya tenía algo claro: ¡por fin estaba fuera de la zona de seguridad! ¡Por fin era el pez pequeño en un océano gigante! [15]

La vida está llena de códigos e idiomas diferentes, y la valentía es uno de ellos. No todo el mundo lo habla, y tratar de hacerte entender puede resultar una tarea tan complicada como a veces imposible. Quien nunca eligió el coraje como modo de vida, jamás comprenderá tu valentía. ¡No insistas! Yo he recibido todo tipo de críticas por apostar por mis sueños, y solo dejé de sufrirlas el día que empecé a pedir lo que yo llamo *El carné de gladiador*: «Oye, tú, el que dice que soy un (_____), enséñame tu carné de gladiador». «¿Mi carné de gladiador? —responden asombrados—. No entiendo.» Entonces, les examino, miro a su alrededor, su piel, sus manos... y siempre ocurre lo mismo: «Ni rastro de arañazos. Ni una sola herida. No hay arena en sus uñas ni espinas clavadas. Este *señor* es un impostor. No tiene carné de gladiador. Queda completamente desautorizado para criticar».

NO ESCRIBO PARA LOS NO CREYENTES

Hace tiempo que me hice una promesa. Se la leí a Seth Godin y me pareció extraordinaria: «Evita siempre a los no creyentes». Inspirado por aquello, escribí un texto cuya lectura se ha convertido en un ritual para mí antes de arriesgarme a salir de *la zona media* en busca de mis *puntos dorados*:

> *Si decidiste dejar de fingir —si por fin te lanzaste a ser tú—, ya lo aprendiste: no son las voces de todos las que deben importarnos. Son las de aquellos que, como tú, se desprenden de su armadura para ser más ágiles en la carrera hacia sus sueños. Aquellos que, sin motivo aparente o racional, hacen de su pasión motor y se la juegan.*
>
> *Y es que valentía es un idioma que no se puede responder desde otro idioma. El perezoso, el charlatán, el que nunca ha intentado nada, no puede jamás hablarle a alguien que está ahí en el ruedo, peleando, y esperar ser comprendido. Puede intentarlo, balbucear algunas palabras o hacerse el escuchado, pero nunca trascenderá el ridículo más estrepitoso: el de criticar desde su teoría lo que jamás expuso en práctica.*

Quien soñó, quien luchó, quien se dejó el alma por una causa a sabiendas de que podría no lograrlo nunca hablará con desdén a alguien que no solo lo intenta, sino que ejerce su derecho a amar lo que hace y perseguir su ideal. Más bien, ocurrirá lo contrario: quien sabe lo que es estar ahí abajo, en el fango, lo cuidará, lo arropará y lo empujará con su aliento o su mirada.

No es la opinión de cualquiera la que debemos escuchar. Es la de quien estuvo en la arena, la de quien conoce de primera mano la frustración y el arañazo. La de quien creyó que valía más la pena arriesgarse a intentarlo y no tocar jamás su sueño que vivir aparentando que nada le interesa. Esas son las voces que empujan hacia delante. Las verdaderamente autorizadas para decirte no que haces algo mal, sino que tienes un amor propio inmortal y una determinación de acero.

Solo los cobardes se ríen del valiente. Solo los cautos juzgan al osado. Solo quien dormita permanece intacto. ¿Las opiniones de los demás? De acuerdo. Escúchalas. Pero quédate solo con aquellas que partan de alma viva a alma viva. De gladiador a gladiador.

Este ritual nunca me ha fallado, y su secreto reside en una pregunta muy sencilla: ¿para quién estás actuando? ¿A la opinión de quién estás dando valor? Personalmente, hace mucho que no pierdo el tiempo en responder a las balas de quien tira a matar, y si alguna vez lo hago, vuelvo corriendo a por mi chaleco —¡qué despiste, lo dejé en la silla!— y me repito: «No escribo para los no creyentes». ¿Y quiénes son los creyentes? Aquellos que creen en probar sin la necesidad de ser perfectos. Aquellos que saben que un corazón que se arriesga y expone no se puede acuchillar jamás.

NO ES EL MOMENTO DE CALLARSE

De no ser porque no creo en las teorías conspiratorias, afirmaría sin dudar que al mundo no le gusta que arriesgues, que muestres tu singularidad y tu esplendor, y que, en cambio, prefiere que te conviertas en un eslabón más de una cadena que ya funciona bien cuando te comportas como lo hacen el resto de los eslabones. Sin embargo, no soy muy amigo de las visiones que nos llevan a justificar nuestra irresponsabilidad, y aunque es verdad que existen presiones externas, al final el barco es tuyo y el capitán no es el viento, ni las olas, sino tú. Es cierto que, como dice el refranero, el clavo que golpean es aquel que sobresale, y la flor que podan es la que emerge sobre el resto de la hierba, pero creo que pretender un jardín sin flores es un objetivo demasiado triste para un planeta en el que vivimos todos. Si cada uno de nosotros porta dentro de sí una *flor*, la misión no es vivir como un *hierbajo*, sino embellecer el mundo.

**No es solo por ti por quien debes entregar
todo cuanto tengas dentro,
sino también por los demás.**

Lo que me fascina de las grandes causas es que, además de contribuir al bien común, nos marcan el camino de —vistos a escala— nuestros *pequeños* sueños. Nuestro tiempo es el momento perfecto para observar esto, ya que estamos inmersos en un buen número de movimientos que van a transformar el mundo: igualdad social, feminismo, ecología y cuidado del medio ambiente, lucha contra el maltrato animal... Y todo eso necesita de voces que se alcen sin titubear. El problema es que, en paralelo, estamos creando un mundo de cobardes en el que el ruido de la crítica o la búsqueda de lo popular están ganando terreno a la libertad de expresarnos. Quizá hoy no tengamos una censura impuesta por las leyes o dictaduras pasadas, pero sí contamos con otro tipo de censura autoimpuesta en la que no declaramos lo que pensamos por el miedo a lo que otros puedan hacer con ello, generando un ecosistema donde la homogeneidad fulmina lentamente a la autenticidad y la creatividad.

Ahora puede parecernos que la igualdad racial, por ejemplo, es una obviedad o que ha estado ahí desde siempre, incluso aunque quede camino por hacer, y que lo censurable es ir en contra de ella; pero hubo un tiempo donde funcionaba al revés, y solo el valor de unos valientes que se enfrentaron a la voz general hizo que la situación comenzara a dar la vuelta.

El mundo entero cambia no cuando callamos, sino cuando alguien se pronuncia, se aferra a su causa y decide no ceder su asiento a un hombre blanco por ser negra, ponerse delante de un escuadrón de tanques para pedir democracia, denunciar el abuso de sus directores o declarar con un micrófono ante la multitud «*I have a dream*». Mi lado más idealista me dice que no podemos dejar nuestro destino en manos de unos héroes, fingir que nosotros no lo somos y reducir nuestro radio de coraje a ser siempre los seguidores. La vida está llena de causas más pequeñas o particulares que afectan a nuestra esencia y en las que tenemos que pronunciarnos. Las reglas para liderar un movimiento de igualdad racial, social o de género son las mismas que aquellas que rigen una vida auténtica en la que decides pelear por tus sueños, y podrían resumirse en una respuesta afirmativa dentro de una pregunta: ¿estás dispuesto a renunciar al amor y aprobación de todos para quedarte solo con el de unos pocos y avanzar hacia la vida en la que crees?

Hay una frase que he escuchado en muchos escenarios. Dice así: «¿Qué harías si no tuvieras miedo?». Con el paso del tiempo me he dado cuenta de que la pregunta que realmente nos acerca a una vida genuina es otra:

¿Qué vale la pena hacer aunque tengas miedo?

Después de haberme lanzado esta pregunta un sinfín de veces, sé muy bien a quién pertenecen los triunfos y, sobre todo, cómo reconocer a un triunfador: lleva la cabeza alta. Y eso no tiene que ver con haber logrado nada, sino con haber sido fiel a uno mismo. Con haber dado la cara.

EXPONERSE DUELE, PERO...

Entre las preguntas que más recibo respecto a mis viajes está la siguiente: «¿Cómo lanzarte cuando tienes miedo, pero al mismo tiempo crees que es justo lo que necesitas?». Creo haber encontrado la respuesta en solo tres pasos:

1) Compras el billete tiritando.
2) Preparas tu mochila con el corazón acelerado.
3) Y te subes al avión temblando.

Una de las equivocaciones que más cometemos a la hora de tomar decisiones es pensar que primero viene la calma o el convencimiento y luego la decisión. ¡Error! Pretender que ocurra así es como esperar a desenamorarte para dar el paso de abandonar una relación que te está consumiendo. Eso nunca ocurrirá. Hay océanos que hemos de cruzar a nado sin saber qué nos espera en la otra orilla, y la fuerza para dar las brazadas no siempre va a provenir de conocer al detalle los tesoros que allí esperan, sino de una ligera corazonada: «Existe una vida más feliz de la que ahora tengo». La mayoría de los premios que llegan en la vida por haber perseguido un sueño o habernos conectado con nuestra esencia no están calculados, simplemente se presentan al hacer ejercicio de nuestra parte más auténtica; al apostar por lo que sentimos, aunque sea con miedo. Una famosa frase lo decía: «Hazlo. Y si te da miedo, hazlo con miedo».

Cada vez que el motor de tus decisiones es el miedo, pones un ladrillo en la zona segura. Al principio no importa mucho, pueden saltarse, pero llega un día en el que si continúas haciéndolo puedes verte atrapado. Quizá para siempre.

Apostar por la autenticidad es arriesgado, y aunque trae muchas victorias, también conlleva heridas. Ya lo sabemos: *los puntos dorados* viajan junto a *los puntos de sutura.* Comparten vagón. Por eso, en nuestro camino hacia una *vida en verdad* encontraremos gente que se alejará y no nos quiera, personas que nos juzgarán, sueños incumplidos y límites que tendremos que aceptar. ¿Tienes miedo a que arriesgando salgan algunas cosas mal? Empieza a darlo por hecho. No es una posibilidad, sino una garantía. Pero vale la pena. Ser auténtico siempre lo vale, pues todo lo que de ahí resulte será real: lo que logres, lo que no, las personas que se queden a tu lado, las que se vayan... Y todo lo real tiene, por defecto, una reacción sobre nuestra vida: contribuye a saber quiénes somos, qué de todo lo que ocurre nos pertenece y con qué profundidad aprovechamos la oportunidad que se nos brindó cuando nacimos.

MI MAYOR MINI-MIEDO

Para mí la autenticidad no es una conquista que haya completado al cien por cien, sino una lucha diaria. Es cierto que por mi experiencia y estudio he aprendido a lidiar con la opinión de los demás, pero por mucho que avance tengo también mis retrocesos. Hay días en los que me siento inquebrantable y otros en los que podría tomarme cualquier recomendación como un ataque. Un buen ejemplo de esto ocurre con lo que yo llamo «mi mayor mini-miedo». ¿Y cuál es? Abrir las bandejas de entrada de mis redes sociales y comenzar a responder mensajes. Por lo general, esto me gusta y me motiva —es mi forma de sentirme conectado a mi comunidad—, pero por alguna razón tengo días en los que mis sentimientos están a flor de piel y me siento profundamente frágil ante cualquier opinión negativa. Debo confesar que tengo la gran suerte de que la mayoría de los mensajes que recibo vienen cargados de cariño y valoración, pero eso es algo que solo descubro al abrir cada uno de ellos; antes de hacerlo, no sé si lo que vendrá será un *beso* o una *torta*. Lo mismo me ocurre cuando comparto una publicación nueva. Sé que es la puerta para ayudar a mucha gente, pero también el escenario para el silencio, la desaprobación o incluso el linchamiento. Hay días en los que nada más publicar solo me sale llorar por verme ahí desnudo, pero es entonces cuando empieza mi búsqueda de apoyo: un amigo que viva también como un gladiador, un libro que me recuerde alguna clave olvidada, mi pulsera azul o una libreta donde escribir una nota como si yo fuera la persona a quien quiero ayudar. Guardo esta con amor:

» Por supuesto que te van a mirar con lupa. Que te analizarán y revisarán si lo que dices concuerda con todo lo demás. Da por seguro, incluso, que algunos te faltarán al respeto y juzgarán. Que si fracasas en el amor te dirán «farsante», que si viajas te llamarán «pijo» o «adinerado», sin importar la renuncia que se oculta tras la cámara. Pero nada de eso es el centro del asunto. Tu comodidad no es lo importante, sino el mensaje. Si por evitar la opinión de unas personas que nada conocen de tu vida dejas de lado el valor de animar a la gente a seguir sus sueños, le estarás dando más fuerza a tu ego que a la causa, y es eso precisamente lo que hace no solo que el mundo no avance, sino que una parte de ti muera lentamente por no poder ejercer la libertad para la que has sido creado. El mar y tú no tenéis esencia diferente. Ambos sentís el colapso cuando os dejáis llevar. El mar contra la roca; tú buscando el abrazo de todos.

LA MAGIA DE UNA NARIZ ROJA

¿Te has preguntado alguna vez por qué hay personas a las que todo el mundo respeta y otras a quienes parece que nadie tiene en consideración? Cierto, existen miradas despiadadas y sujetos que en un mundo que sienta cánones de comportamiento y belleza son carne de cañón, pero hablo de la otra razón. La razón por la que muchas personas, incluso saliendo del orden predominante, gozan de un trato bondadoso, lleno de afecto y admiración.

Me acuerdo de algo que me ocurrió en mis años de escuela. Tenía unos diez años, una edad *perfecta* para la burla, especialmente si, como yo, contabas con algo que te distinguiera físicamente. En mi caso, una manchita roja de nacimiento que cubre el lado izquierdo de mi nariz. En quince años de colegio, solo una persona trató de reírse de ella —todo un récord para unas edades en las que basta que te salga un grano para estar en el punto de mira—, y creo que la razón estuvo en lo que sucedió una mañana de recreo, mientras jugábamos al fútbol.

—Eh, tú, ¡nariz roja! —me dijo un chico con el pelo *a tazón*[6]—. ¿Por qué no dejas de jugar al fútbol y nos cuentas un chiste, payaso?

6. También llamado pelo «champiñón» u «hongo» por la forma del corte.

Recuerdo pensar —en otros términos, claro— en la legitimidad que podía tener alguien con un peinado así para comparar mi nariz con la de un payaso, pero ese no era el asunto. Mi nariz me gustaba, me hacía sentir especial, así que le dije:

—¡Pero qué dices, tío, si tener una nariz roja da poderes! ¡Ya verás, ya!

Pasado un rato, marqué un gran gol y, señalando mi nariz desde la distancia, le guiñé el ojo al chico que se cortaba el pelo con el bol de cereales. A veces creo que no he cambiado tanto. Con todo, la historia no acabó ahí, sino un par de días después, cuando se me acercó para enseñarme un pequeño lunar que tenía en la parte trasera del hombro y me dijo:

—Yo también tengo una marca de nacimiento, ¿podemos ir en el mismo equipo?

Su pelo había dejado de disgustarme.

Creo que esta historia recoge la esencia de la confianza y el amor propio: no podemos evitar que haya pirañas en el río de la vida, sin embargo sí podemos hacernos respetar. Y eso empieza por respetarnos a nosotros mismos.

ES MUY DIFÍCIL VER A UN SOÑADOR PELEAR SOLO

Existe un carisma especial en pisar fuerte. Una magia que no solo hace que nos respeten, sino que deseen seguir nuestros pasos. He vivido esto mismo en otros muchos escenarios de mi vida, y he aprendido que las personas que quieren criticar son como los niños de tres años cuando se ponen pesados: primero emplean toda su energía para dar la lata, usan cualquier cosa, ¡no paran!, luego siguen molestando medio cansados, pero al final te piden que los lleves a casa en brazos. Mi mejor prueba de esto tiene que ver con el sueño de vivir como escritor. Al principio, no era raro escuchar cosas como «¡Estás loco!», «¡De eso no se come!» o «¡Nunca lo lograrás!»; después, cuando empezaron a llegar algunos resultados, se oían voces del estilo «¡Eso ha sido suerte!»; y finalmente, cuando vieron que a pesar de todo seguía avanzando, y que lo hacía, además, con ojos brillantes y sin perder la pasión, lo que más escuchaba era «¡Por favor, ¡llévame contigo!». ¿Qué cambió? La claridad con la que les hice ver que no me bajo de mis sueños.

Creer en ti no es saber que lo vas a conseguir.
Creer en ti es sentir que mereces hacer lo que amas.

Cuando elegimos ser valientes, leales a la persona que somos, perseguir el sueño que guardamos en el cofre de nuestro corazón, vamos a tener que ser fuertes ante la opinión de los que nos rodean. Habrá amigos que se miren entre ellos murmurando un «¿Y a este qué demonios le pasa?», padres que tal vez se pregunten si es que te has enamorado o estás tomando algo, y parejas que empiecen a sospechar que puedas estar viviendo una vida paralela. Todo será extraño y nadie quedará indiferente. Pero tú sigues, aguantas los envites de los ojos y susurros ajenos y te mantienes firme ante la decisión que has tomado. Hasta que llega un día en el que todos aquellos que te tomaron por loco descubren que la luz de tus ojos es justo lo que llevaban años buscando. Ya no se preguntan adónde vas, ahora solo quieren saber si en tu cohete hacia las estrellas tendrías un asiento para que ellos también puedan viajar.

Por supuesto que lo tienes. Siempre hay espacio para uno más.

Hay una pregunta capaz de añadir a nuestro chaleco antibalas una capa de titanio extra: ¿crees en lo que haces? No a medias. No a días. ¡Con firmeza! ¿Crees en lo que haces?

Y aquí está la gran paradoja: las personas que tendemos a valorar más no son aquellas que dudan de todo o preguntan ante cada decisión, sino aquellas que no se mueven buscando la aprobación. Si imaginamos a una persona así, a buen seguro no la visualizaremos dando más importancia a la popularidad de sus comentarios que a la honestidad. Como tampoco temblando por las consecuencias de decir lo que piensa o siente. Por el contrario, nos encontraremos a alguien que aprecia tanto su tiempo que no lo pierde en quedar bien, sino en hacer cosas que le resulten hermosas y significativas. La franqueza y los valores configuran su vida. Puede que al principio nos resulte impactante, o que nos genere algo de rechazo, pero finalmente se impone una de las fuerzas más atractivas que existen en la vida: el poder de una persona que se quiere y confía en sí misma. Y eso es algo que se consigue por cuenta propia: reflexionando hasta hacer tuyas las ideas; escuchando lo que te dice el corazón; confiando en que el resultado no es lo importante. Y da igual si se trata de un sueño, de una idea o una visión. Al final, todo se resume en esto:

tienes que creer

en tu nariz roja.

5

La importancia del entorno

Pulsera Entorno (Verde)

> Somos el promedio de las cinco personas
> que nos rodean.
>
> JIM ROHN

Domingo 10 de febrero de 2019, justo un día antes de mi treinta y tres cumpleaños. 10.30 de la mañana. Comienzo a despertar en un avión que partía de Kuala Lumpur con dirección a Denpasar, Bali. Estamos descendiendo. Miro por la ventanilla y empiezo a llorar.

¿Has sentido alguna vez el calor de una chimenea después de un día de mucho frío? ¿En alguna ocasión has sido arropado con una toalla seca tras una fuerte tormenta? En Bali no había ningún cartel de bienvenida para mí, ni toalla, ni chimenea, no hacía falta. Podía sentirlo en todo mi cuerpo. No importaba que nunca antes hubiera estado *allí*, como tampoco las veces que traté de evitar aquella isla durante mis meses por el sudeste de Asia. «¡Demasiado turístico! —me decía—. ¡Poco interesante para alguien que, *como yo*, busca aventuras especiales!» Pero las lágrimas caían libres por mi cara sin preguntarme, y mi extraordinaria capacidad para controlarlo todo había sido vencida. Recordé una frase que leí en alguna parte: «Todo el mundo sabe cuándo ha llegado a casa».

Aquella experiencia durante el descenso fue desconcertante para mí. Nunca había creído en fuerzas que no pudiera medir, y en mi terca cabezota apenas había espacio para teorías que no hubiera comprobado antes. Sin embargo, las lágrimas y el calor de mi cuerpo estaban en ese avión, aproximándose a la pista de aterrizaje.

¿Cómo es posible sentir que llegas a un hogar cuando nunca has estado? Meses después, un sacerdote de Cuzco, Perú, me dio una respuesta:

«Tu casa es donde sientes que, pase lo que pase, serás abrazado».

LA PALABRA MÁGICA DEL CRECIMIENTO: «ENTORNO»

Desde que pisé esta isla —ahora mismo te escribo desde aquí—, Bali no solo ha sido el destino de mis viajes en el que me he sentido más feliz, sino que se ha convertido en el campamento base donde pongo en pausa las aventuras para escribir, organizar ideas o reponer fuerzas. Bueno, y para sobrellevar pandemias. En Bali todo se ha alineado para mí. Por un lado, su ubicación geográfica me permite desplazarme por los diferentes países del sudeste asiático de una forma rápida y económica; y, por otro, su cultura alegre y generosa me ayuda a encontrar la paz que busco cuando deseo parar por un tiempo. Todo ello bajo un clima tropical muy agradable, la belleza de sus parajes y una alta calidad de vida, pero a bajo precio. Si hace unos años me hubieran dicho que se podía vivir en una casita de madera con jardín y piscina por la mitad de lo que se paga en Madrid por un piso compartido, les habría llamado locos. Doy gracias cada día por haberme desprendido de la idea de trabajar sujeto a un horario y oficina fijos.

Con todo, lo más importante que me ha aportado Bali no ha sido material, sino humano, y si tuviera que resumirlo en una sola palabra, sería esta: «entorno». Concretamente, el entorno de personas.

Y es que, para alguien que, como a mí, le gusta encontrar espacios en los que hablar de forma abierta y conectada de sus sueños, llegar a un lugar[7] donde casi todo el mundo anda con un proyecto loco es un verdadero regalo. No siempre ha sido así. Aún recuerdo cuando en el último trabajo que tuve en España, hace ya ocho años, le dije a mi jefe que me marchaba porque deseaba probar algo diferente. Nunca olvidaré su respuesta: «Si quieres, puedo cambiarte de departamento. ¿Qué te parece el de marketing?». Polo Norte versus Polo Sur. «No me has entendido —le dije—, me gustaría trazar un nuevo camino, intentar un sueño propio.» Tres meses después estaba en un avión rumbo a Belfast con un *kindle* lleno de libros de desarrollo personal y una libreta en la que empezar a tomar mis primeras anotaciones para *algo* que acabaría llamando *El universo de lo sencillo*.

No solo se pierde lo que hemos tenido.
También perdemos lo que soñamos,
pero no perseguimos.

7. La localidad de Canggu, en Bali, es conocida como la localidad de los *digital nomads*. Cada año, acoge a miles de extranjeros que acuden con el fin de crear su propio negocio o encontrar un lugar donde vivir trabajando a distancia mientras se benefician de la calidad de vida de la isla.

Asumo la complejidad de hablar del entorno de personas, especialmente cuando esto va asociado a un lugar. No sin razón, suelo escuchar esta pregunta: «¿Y hace falta que me vaya tan lejos para construir mi entorno?». Por supuesto que no. Lo que cada uno necesite es algo personal. En mi Madrid natal, por ejemplo, he encontrado círculos extraordinarios que alimentan también mis sueños y hacen volar mi motivación, pero a día de hoy eso solo cumple con una mitad de lo que quiero, ya que la otra mitad sucede en movimiento, viajando como modo de vida, algo que Madrid no puede ofrecerme. Lo importante es que cada uno sea capaz de buscar su verdadero equipo dentro de la infinidad de personas que le rodean, sea cual sea su ciudad. Yo lo he descubierto aquí.

A veces es más sencillo describirlo que explicarlo: cada vez que, metido en la batalla diaria de mi proyecto, con sus subidas y bajadas, veo a Olmo trabajando en sus productos para generar ingresos pasivos; o a Ana, con sus mil y una ideas para sus libros y redes sociales; o a Ilani, con sus preciosos poemas y fotografías; o a Celes y Toni inventando un plan cada día entre vídeos y genialidades, siento que estoy en mi lugar. Y cuando, además, nos juntamos en torno a una mesa a modo de *coworking* para compartir ideas, o frente a una hoguera para hablar de viajes, o de la vida en sí, o de cualquier tontería, solo puedo ver mi forma de mirar la vida abrazada y mis ganas de seguir adelante elevadas a la máxima potencia. Simplemente, me inspiran a vivir. Me ayudan a crecer.

> *Resulta difícil distinguir cuándo eres la oveja negra en un rebaño blanco de cuándo, en realidad, eres la oveja blanca en un rebaño negro. En cualquiera de los dos casos, la diferencia y la minoría generan soledad y dolor. Pero si te olvidas de esos dos únicos colores, y aceptas tu verde, o tu amarillo, o tu rosa, y sales a la búsqueda de otras ovejas de tu mismo color, un día te sentirás en casa sin que hayas tenido que cambiar más que de posición. Desde que me di cuenta de esto vivo enamorado de mi rebaño azul.*

Si en el capítulo anterior hablamos de cómo hacer frente a las personas que con su opinión y valoraciones negativas frenan nuestro camino hacia una vida auténtica, en este hablaremos de aquellas que potencian nuestro crecimiento y nos impulsan a creer más en nosotros. Por el camino encontraremos nuevas capas de refuerzo para nuestro *chaleco antibalas*, así como espacios donde desprendernos por completo de él para vivir en perfecta conexión con nosotros mismos y el resto del mundo.

EL *MEJOR-PEOR* PARTIDO DE RAFA NADAL

La primera vez que escuché la anécdota que quiero compartir contigo como punto de partida, sentí un pinchazo en el estómago. Desde entonces, me gusta recordarla para hablar de la importancia de elegir bien el entorno, como también para hablar de las relaciones de pareja que, con el paso del tiempo, no terminan de funcionar. La historia la cuenta en una magistral conferencia TEDx Toni Nadal, como sabes, tío y entrenador de tenis de Rafa Nadal durante la mayor parte de su carrera. Lo de entrenador, digo. Tío aún lo es.

—Hace muchos años acompañé a Rafa junto con otros jugadores a un torneo, y como jugaban algunos de ellos a la misma hora, recuerdo que veía jugar a mi sobrino a lo lejos y me di cuenta de que estaba haciendo un completo desastre. Perdía 5-0 con un chico no muy bueno cuando llegó un amigo mío exjugador y me dijo: «Oye, creo que tu sobrino está jugando con una raqueta rota». Me acerqué a la pista de Rafael y le dije «Oye, la raqueta está rota». Rafa la miró y dijo, «¡Joder, sí, está rota, la cambio!». La cambió y el panorama cambió, pero al final perdió 6-0 y 7-5. Cuando acabó el partido me acerqué a él y le dije: «¿Tú me puedes decir que un chico, después de jugar tantos años—ya tenía 15 años—, no sabe ver cuándo una raqueta está rota?». Y su contestación fue muy clara: «Mira, estoy tan acostumbrado a tener siempre la culpa yo, que para nada me hubiera imaginado que fuera la raqueta la que me hacía perder».

Nunca he sido partidario de aferrarnos a las excusas, de hecho, cuando Toni Nadal cuenta esta historia lo hace para explicar cómo las justificaciones no ayudan a ganar partidos. Pero, como también señala, cambiar raquetas sí. No puedo estar más de acuerdo.

LA BELLEZA EXTERIOR

En un famoso cuento, un rey, cansado de magullarse los pies cada día por la dureza y aspereza del suelo de su reino, da la orden de alfombrar todo el territorio. Antes de ponerse sus lacayos manos a la obra, un sirviente se le acerca y le dice: «Señor, ¿no será mejor que se fabrique unos zapatos?». Siempre me encantó este cuento. Me parecía que escondía uno de los mensajes más valiosos para nuestro crecimiento interior: no esperes a que el mundo entero cambie; cambia tú y todo cambiará. Hoy, sin embargo, me plantea algunas dudas. ¿Qué hay de su deseo de disfrutar la vida caminando descalzo? ¿Debe renunciar para siempre al placer de posar sus pies sobre el frío mármol del palacio o la hierba de la montaña? ¿Es siempre la solución más *económica* la mejor?

El sol, el agua, el aire, los alimentos.
Los amigos, las vivencias, el amor.
No todo lo que nos nutre reside en el interior.

Como profesional del desarrollo personal —pero, sobre todo, como persona que cada día trabaja por ser más feliz—, debo confesar que he llegado a rozar el cansancio. Cansancio por tener que esforzarme tanto, por mirar siempre dentro para buscar una paz que a veces llega simplemente con dar un paseo. Por leer cientos de libros de psicología, crecimiento o autoayuda para calmar una ansiedad que en la mayoría de las ocasiones se resuelve desconectando la mente o jugando con la vida. A veces me pregunto: ¿estoy solo buscando inspiración o alimentando la idea de que soy insuficiente e imperfecto? Porque esto último es mentira. Y adictivo. Y agotador.

Otras veces, el cansino soy yo.

Creo en pulir nuestros defectos y ordenar nuestras creencias, así como en seguir avanzando un poco cada día en nuestro crecimiento, pero reducir todos los problemas e inquietudes a nuestros adentros nos limita demasiado. ¿La belleza está siempre en el interior? No será esa la frase que digas cuando levantes la cabeza y veas sobrevolar en el cielo miles de farolillos encendidos en una noche de luna llena en Chiang Mai. [16]

Muchas semanas me veo en un debate parecido. En uno de los últimos, un reconocido coach *me* decía: «Es posible que te sientas feliz viajando, con tus amigos de Bali o donde sea que estés, pero cuando vuelvas a Madrid todos tus problemas seguirán aquí esperándote, y lo que no hayas resuelto dentro de ti acabará por salir a la luz». Más deberes. Por unos instantes me sentí culpable por pensar lo que quería decir, pero finalmente me animé: «¿Volver? ¿Por qué querría estar en un sitio en el que *tengo tantos* problemas? No lo entiendo». Además, ¿de qué problemas hablaba? Oveja azul.

Conozco esa forma de pensar. Consiste en llamar huida a lo que es amor por la vida. Me faltan dedos en las manos para contar las veces que cuando dije que me iba a recorrer el mundo escuché algo parecido a «¿De qué estás huyendo?» o, una vez en marcha, «¿Ya te has encontrado?». Algunos días, cuando estoy caminando por una playa y me acuerdo de esta pregunta, miro bromeando detrás de una palmera y digo «¡Te pillé!», pero nada, no estoy ahí. Acto seguido, levanto un coco de la orilla o me asomo detrás de una barca, pero tampoco hay suerte, no me encuentro. Y me río solo, a carcajadas, y me acuerdo de cuando, siendo niño, me regalaron un mapamundi y cada día lo miraba parando mis ojos en alguna isla o rincón remoto, preguntándome qué secretos habría allí.

No, no todo moverse es huir.

Existe un modo de huir muy sutil, tanto que suele pasar inadvertido. En él, no se sale corriendo, ni se da un portazo ni se toma un coche a 140 por la autopista. En este modo de huida te quedas parado, sin ilusión, anodino, deseando que las cosas cambien, pero haciendo poco al respecto. Es el modo de huida más común de todos, la huida de la felicidad, y consiste en no hacer más que lo mismo de siempre, aun cuando lo que haces no termina de satisfacerte.

Déjame compartirte a continuación el que creo que es mi texto favorito de siempre:

TODOS SOMOS TODO

Cuando tenía doce años, tuve un profesor que me dijo que nunca llegaría a nada y una profesora que, en secreto, me afirmó que si quería podría conquistar hasta la luna.

Entre mis amigos, hay uno que dice que soy un completo desastre y otro que me asegura que cada vez que su vida se va al traste yo se la ordeno.

En el amor tuve dos novias. Una que siempre me recuerda que fui lo mejor de su vida y otra que si me viera al borde de un acantilado no dudaría en ponerme la zancadilla.

En mi familia hay de todo. Están los que creen que estoy loco por seguir mi sueño y los que soplaron desde el primer minuto que quise volar. Los que si viajo con mi mochila me dicen que soy muy valiente y los que antes de irme me preguntan que de qué estoy huyendo.

La vida es así.
Bonita o fea en la medida que tú decidas.

No te preocupes por lo que otros puedan pensar de ti. Por cada diez personas que te encuentren feo habrá otras diez que te vean hermoso. Por cada una que te odie habrá otra dispuesta a amarte.

No pierdas el tiempo buscando una etiqueta, porque somos según el contexto y los ojos que nos miran. Valientes o cobardes, divertidos o aburridos. Todos aciertan y todos se equivocan, pues todos somos todo.

Si vas a usar tu energía, no lo hagas tratando de agradar a todo el mundo o buscando el amor en cualquier parte. Hazlo para rodearte de aquellos que, ante dos posibles interpretaciones, se queden siempre con la más amable. Los que en tus errores vean torpeza y no mala intención. Los que en tu torpeza vean a alguien que va cumpliendo sus etapas y no a alguien que nunca cambiará.

Porque esa es tu verdadera misión en la vida. Seguir creciendo cada día aceptando que por el camino no siempre acertarás ni gustarás. Intentar en cada desafío acercarte más a lo que amas y mejorar.

No por ellos, sino por ti.

Con el texto anterior acabo de revelarte no solo el que creo que es el mayor secreto para sacar todo nuestro potencial, sino también la base para sobrevivir a la opinión *negativo-destructiva* de los demás. Te recomiendo que le pongas un separador, un pósit o que dobles la esquina de la página para que lo leas tantas veces como necesites hasta interiorizarlo. Como digo, creo que es mi escrito favorito, y lo es porque llegar a esa conclusión me ha evitado mucho sufrimiento innecesario en mi relación con los demás, al tiempo que me ha llevado a conocer el componente más importante de nuestro *chaleco antibalas*: el equipo de personas del que te rodeas.

El peor vacío que podemos sufrir no es el de la ausencia de personas, sino el de la presencia de las personas equivocadas.

En el mar de gente que es la vida vamos a encontrar de todo, y no creo que marcar distancia con aquellos que tienen una visión más negativa de nosotros sea modo alguno de huida, yo creo que es inteligente. Al final, el más listo de la clase no es el que logra alcanzar la verdad más absoluta de las cosas, sino el que llega a ser feliz. Y esto no quiere decir que solo debamos permanecer cerca de aduladores y palmeros, eso tampoco ayuda. Quiere decir que hemos de hacer lo posible por encontrar el equilibrio. Me gusta una frase de Rudyard Kipling que dice que «al éxito y al fracaso, esos dos impostores, debes tratarlos siempre con la misma indiferencia», como también aquella otra de Maya Angelou en la que nos recuerda que «la gente olvida lo que hiciste y lo que dijiste, pero nunca lo que le hiciste sentir». En la suma de las dos está en calma la balanza.

> *Imagina que vas a una feria y entras en la sala de los espejos. Nunca antes has visto tu cuerpo ni tu cara, y empiezas a mirarte en ellos. Cada espejo es diferente: los hay cóncavos, convexos, ondulados... y, por tanto, en cada uno te ves reflejado de una manera. ¿Cuál te gustaría llevarte a casa? Igual pasa con las personas. No somos más que miradas.*

Cuando asumes la importancia de cómo te hacen sentir, la verdad puede irse a paseo. Principalmente porque no existe o no la conocemos. Al final, toda etiqueta que le pongamos a una persona es un artificio que no ha sido creado por la naturaleza y que dice más sobre el *definidor* que sobre el definido. El que cree que eres feo y el que piensa que eres guapo se equivoca tanto como acierta, y la pregunta, por tanto, no es quién lleva razón, ¡qué más da!; la pregunta es quién sopla más tus alas, quién te hace sentir más amado, con quién resurge toda tu creatividad, tu vulnerabilidad y tu amabilidad. Cuando tienes esto claro, ya sabes al lado de quién deberías estar.

> *Dos personas. Una te ve amable, valiente, guapa, divertida... y cuando tienes días malos no necesita ninguna explicación para saber que eso también forma parte de tu belleza. Otra, por su parte, parece hallar siempre una pega en tu manera de ser o actuar. ¿Guapa? ¡Psé! ¿Valiente? Lo normal. ¿Divertida? Tampoco nos pasemos.*

> *¿Quién se equivoca? Tú eligiendo a la segunda.*

CON UN *FOLLOWER* BASTA

¿Has leído alguna vez el *Quijote*? No te preocupes, yo tampoco. He leído algunos capítulos sueltos y al azar, eso sí, porque cuando he intentado leerlo de manera seguida me he visto interrumpido por unas pequeñas alucinaciones provocadas por la falta de oxígeno al tratar de leer del tirón alguno de sus párrafos. Un buen ejemplo es el siguiente texto. Para mí, uno de los fragmentos más bellos que haya leído nunca. Corresponde al primer capítulo, cuando don Quijote, determinado ya a partir y defender sus ideales, hace recuento de todo lo que tiene o necesita para hacer frente a su gran aventura:

» Limpias, pues, sus armas, hecho del morrión celada, puesto nombre a su rocín y confirmándose a sí mismo, se dio a entender que no le faltaba otra cosa sino buscar una dama de quien enamorarse, porque el caballero andante sin amores era árbol sin hojas y sin fruto y cuerpo sin alma. Decíase él:

—Si yo por malos de mis pecados, por mi buena suerte, me encuentro por ahí con algún gigante, como de ordinario les acontece a los caballeros andantes, y le derribo de un encuentro, o le parto por mitad del cuerpo, o finalmente, le venzo y le rindo, ¿no será bien tener a quien enviarle presentado, y que entre y se hinque de rodillas ante mi dulce señora, y diga con voz humilde y rendida: «Yo señora, soy el gigante Caraculiambro, señor de la ínsula Malindrania, a quien venció en singular batalla el jamás como se debe alabado caballero don Quijote de la Mancha, el cual me mandó que me presentase ante la vuestra merced, para que la vuestra grandeza disponga de mí a su talante»?

¡Uau! Eterno, pero real. Y es que hoy todo parece estar hecho para ser compartido en una red social con el mayor número de gente posible, pero al parecer hubo un tiempo en el que quien hacía algo increíble, o bonito, o significativo, solo hallaba una verdadera conexión y sentido al compartirlo con sus seres más queridos. Yo pertenezco a ese tiempo.

Podemos tenerlo todo: inteligencia, ganas, conocimientos, una historia fascinante y un montón de seguidores dispuestos a escucharla. Pero si no tenemos amor, si no hay alguien —hecho como nosotros, de piel— a quien mostrarle los gigantes y dragones de nuestras batallas, no tenemos nada. Así lo he comprobado en incontables ocasiones. Cuando llegaba una gran noticia, o una mala, cuando me invadía el miedo o la ilusión, cuando culminaba una aventura que había desafiado mis límites... en todos esos momentos y muchos más, no quería que en la meta de llegada me esperaran personas que poco o nada conozco, quería que estuvieran las personas que amo.

He pasado mucho tiempo tratando de agradar a demasiada gente sin que eso terminara de colmarme. Por alguna razón, pensaba que en la suma de muchos *me gusta* se escondería un gran «me gustas», pero no funciona así.

Puede resultar contradictorio en una persona cuya parte importante de su trabajo consiste en aumentar la comunidad de seguidores, pero a la hora de la verdad, la belleza de lo que haces está por encima, y lo único que quieres cuando te has dejado el alma y tu verdad en un sueño, una aventura o una creación es una mano amiga que te diga «yo estoy a tu lado, viviéndolo contigo». Desde que aprendí esto, una frase se ha subido a mi mochila, y dice así:

«Con un *follower* basta».

JUNTOS EN EL BARRO

Hay combinaciones que nunca deberían darse. Elementos que por separado puede que funcionen, pero que cuando se ponen el uno al lado del otro son capaces de originar un verdadero desastre. ¿De cuál (o de quién) es la culpa? De ninguno, simplemente no conectan. Se me ocurren muchos ejemplos: el fuego con la gasolina, el agua con el enchufe, los calcetines con las sandalias… En mi caso, hay uno con el que no combino nada bien: el barro. Especialmente, cuando voy *a bordo* de un vehículo no adaptado a este medio. En estos años, recuerdo dos momentos.

El primero fue en Indonesia, donde me junté una mañana con algunos de mis mejores amigos de Bali (Olmo,
Celes, Eric y Toni) con el fin de visitar la cascada de
Tangkup, en el centro de la isla. Para llegar a ella nos
desplazamos en moto desde el sur. Casi al final del recorrido, dimos con una larga y pronunciada pendiente de
tierra que puso a prueba nuestra habilidad al manillar.
La descendimos cuidadosamente y, una vez allí, aparca-
mos las *scooters* en una amplia explanada, desde donde
emprendimos a pie un último tramo por la selva hasta
alcanzar nuestro objetivo. La experiencia fue divertida,
tanto entre la vegetación como en la propia cascada, pero
la verdadera sorpresa nos aguardaba a la vuelta, cuando
comenzó a caer sobre nosotros el gran diluvio. El cielo
tronaba fuerte y amenazaba con aumentar la intensidad
de la tormenta, así que corrimos hacia las motos, dispuestos a abandonar el lugar cuanto antes. Arrancamos a toda
velocidad, pero al llegar a la pendiente que horas antes
habíamos descendido, las motos se quedaron atascadas.
«¡Houston, tenemos un problema!» El tiempo jugaba en
nuestra contra. Mientras más lloviera, mayor sería la dificultad para salir de allí, así como el tiempo que tendríamos que aguardar después hasta que el terreno se secara.
Las ruedas derrapaban o se hundían en el barro sin que
pudiéramos hacer nada. Aquello no pintaba bien. [17]

El segundo episodio de mi enemistad con los suelos embarrados tuvo lugar un año después, en Australia, junto con los mismos amigos de Bali, con la excepción de Eric y la presencia de Ilani. En esta ocasión íbamos en una autocaravana, uno de los últimos vehículos —te lo aseguro— que querrías tener que sacar del lodo a cuarenta grados y cientos de kilómetros de distancia de cualquier poblado en la mitad del territorio australiano. Pero ocurrió. Nos quedamos completamente atascados, incapaces de tirar para adelante o para atrás, como en Indonesia, con la diferencia de que ahora no podíamos llamar a Houston, pues allí no había el menor indicio de cobertura. [18]

Nunca olvidaré aquellos dos días. No por la dificultad ni por la manera en que salimos de cada uno de los diferentes charcos y barrizales en que acabamos metidos, sino por la sensación que me invadió todo el tiempo. Y es que, a pesar de que las consecuencias pudieron haber llegado a ser bastante serias, la simple presencia de mis amigos transformó el posible miedo en calma y confianza.

¿No te ocurre que hay personas con las que no te importa perder?

EL SECRETO ES SIEMPRE EL EQUIPO

No hay mejor arma que un buen equipo para combatir el miedo, aumentar nuestra valentía y sentirnos más seguros y osados a la hora de perseguir nuestros *puntos dorados*. En cierto modo, buena parte de las máscaras que nos ponemos, así como de nuestras actitudes más inmaduras y, por supuesto, los sueños a los que no nos atrevemos, derivan del miedo a quedarnos fuera de la tropa. Por eso es necesario encontrar la adecuada.

Cuando nos sentimos amados y aceptados bajo cualquier circunstancia no importa tanto lo que pueda fallar y, como consecuencia, nos lanzamos más. Puede que no salga bien esa charla, que nos rechace la persona que nos gusta o que nuestro proyecto estrella fracase, pero tenemos una casa donde nos quieren a la que volver a llorar y en la que no somos menos por haber perdido, sino más por haberlo intentado. Si alguna vez te castigaron en el colegio junto con algún amigo, sabes a qué me refiero. A mí, como *rebelde con causa* que siempre fui, me echaron muchas veces de clase. ¡Una vez hasta me expulsaron cuatro días del colegio! ¿Y sabes cuál era la diferencia entre las veces que aquello me dolía y las que no? Estar acompañado en el barro. Sentir que junto a mi desacato de turno había un cómplice compartiendo la historia a mi lado.

Te quieren tal y como eres. Celebran tus triunfos y lloran en tus derrotas. Se atreven a decirte con cariño lo que no quieres oír. Comparten sus aprendizajes para que tú también puedas lograrlo. **ENTORNO** *Cuando no tienen nada, te dan la mitad. Respetan tu espacio y protegen tu tiempo. No solo dicen «me alegro por ti», también lo sienten. No valoran tus resultados, sino el esfuerzo en cada paso. Te empujan a saltar y, si fracasas, amortiguan tu caída. Antes que detener tu vuelo, soplan tus alas. No oyen, escuchan. No miran, ven. Se suben a tus sueños y te invitan a los suyos. Transmiten su pasión.* **ENTORNO** *Son honestos. Te conceden el beneficio de la duda. Inspiran con el ejemplo. Están en los momentos malos y también en los buenos. Convierten «no cambies nunca» en «cambia cuando quieras». Abrazan tu vulnerabilidad. Amplían tu perspectiva. Te hacen sentir parte de sus logros. Cuentan contigo. Si te importa, les importa. Ante la incomodidad, no retiran la mirada.* **ENTORNO** *Bajan a la arena por ti. Aceptan tu «no» aunque prefieran un «sí». Te recuerdan que eres especial. Hablan de ti con orgullo. No dividen, multiplican. Tienen claro que lo importante es el equipo.*

¿Cómo son las personas que quieres a tu lado?

El amor de los nuestros nos hace valientes. Nos genera una red de seguridad sobre la que probar, arriesgar y crecer. Cuando en tu equipo te aman, decepcionar a otros resulta menos relevante. Intentas más, das más rienda suelta a tu arte y, en definitiva, tu potencial y tu creatividad afloran.

**Tu vida es tan grande
como las personas que sitúas a tu lado.**

El cambio es sencillo. Solo hay que hacer un giro en el foco, alumbrar a otra parte sin apagar la bombilla. No tenemos ni que trabajar para que no nos afecte la mirada de nadie ni cantar aquello de «A quién le importa lo que yo haga, a quién le importa lo que yo diga». Porque te importa a ti, y a mí, y aunque a veces prefiramos hacernos los *fuertes*, todos precisamos amor. El rey Ricardo III, acorralado, dijo: «¡Mi reino por un caballo!»; nosotros, muchas veces, decimos «Mis sueños, mi autenticidad o mi vida… ¡por un abrazo!». Pero no hay por qué elegir. Sueños y amor —verdad y cariño— no tienen por qué estar separados. No es una cuestión de desconectarnos de la vida, sino de ordenar mejor con quiénes conectamos.

EL ARTE DE ORDENAR: ¿A QUIÉN ESTÁS DANDO QUÉ?

Hay un juego infantil que me fascina. En él, los niños tienen que meter unas figuras en sus respectivos agujeros. Hay un cuadrado, un círculo, una estrella... y cada figura solo cabe en un agujero. Los niños lo aprenden rápido. Algunos chimpancés también lo hacen. Me gusta imaginar que en la vida ocurre igual, que funciona con las mismas leyes. Así, una figura es tu corazón, otra tu tiempo, otra tus recursos y otra tus emociones o tu sensación de valía. ¿Y los agujeros? Las diferentes personas que conoces en tu vida.

He visto a gente especialmente hábil en el arte de hacerlo todo mal. El corazón se lo entregan a quien peor lo trata. Su tiempo a quien menos lo merece. Sus recursos a las empresas que no ama. Y lo que cree de sí mismo a personas que ni le importan ni conocen su historia. Pero también he visto a personas que incluso después de haberse equivocado, vuelven a intentarlo, y ponen atención, y miran bien qué encaja con qué. Son las personas que acaban amando a quien las ama, disfrutando de su tiempo con los suyos, apostando por sus sueños y creyendo que tienen derecho a vivir como deseen.

Definitivamente, este juego es fascinante.

PLANTAS DE EXTERIOR EN EL INTERIOR

El mundo nos da muchas señales de cómo es el orden natural de la vida, pero, por alguna razón, lo hemos ido transformando hasta olvidarlo. Cuando viajo, con frecuencia me veo sorprendido al encontrar peces tropicales de colores en el océano en lugar de en una pecera, o plantas que en mi ciudad pensaba que eran «de interior» en mitad de frondosos bosques, lo que al tiempo me causa más sorpresa. ¿No debería ocurrir lo contrario? Parece que hubiéramos invertido los papeles, llegando a ver lo natural como extraño y lo extraño como natural. Y, sin embargo:

> ¡Es tan bonito ver a cada ser
> en el lugar para el que ha nacido!

Creo en trabajar y esforzarse, especialmente cuando se trata de deshacer un camino errado, pero también en que las cosas importantes de la vida suceden de manera sencilla y natural. ¿Cuánto tiempo más necesitas junto a esa persona que no te hace feliz? ¿Cuánto en ese trabajo que no te llena? ¿Cuánto en ese círculo de personas que limitan el vuelo de tus alas? Piénsalo, y si al mirar tu marcador te encuentras con un 5-0 abajo, tal vez sea la hora de mirar tu raqueta y cambiarla.

6

Abrazar tu historia

Pulsera Verdad (Burdeos)

> Yo le recomendaría a la gente: muérase.
> Deje ese personaje atrás.
> No tenga miedo. Y reinvéntese.
>
> Mario Mendoza

Ocurrió en una de las veintidós noches que pasé en El Nido, Filipinas, cuando un chico de pelo largo y aire surfero hizo su entrada en el hostal. Yo estaba sentado junto a otros huéspedes en la mesa del comedor. Todos le miramos, supongo, tratando de adivinar cuál sería su historia.

Esto es algo que envidio cuando vuelvo a *casa*, las ganas de saber qué llevan dentro los demás. Es como si en la rutina nos volviéramos un tanto ciegos. Vemos personas, sí, muchas, pero apenas nos interesamos en descubrir qué tesoros aguardan. Algunas veces, cuando voy caminando por lugares concurridos de mi ciudad, juego a imaginar que cada persona con la que me cruzo es un billete de lotería. ¿Cuáles son los ganadores? A saber. Para ello hay que participar. En el caso de las personas, mi forma de hacerlo es a través de las preguntas. Por ello, hace años que me puse una regla: si después de hacerle a alguien diez preguntas, yo no recibo ninguna, esa persona es pobre, pues solamente le interesa su mundo. Cuando esto sucede, voy en busca de otro boleto. Ahí no hay premio. Por triste que parezca, esto es muy habitual. La noche del hostal, sin embargo, no ocurrió así, y el chico surfero disparó primero.

—¿Qué hacen ustedes acá?

Se hizo una pausa respetuosa a la espera de decidir quién de los que allí nos encontrábamos comenzaba respondiendo. Finalmente, me arranqué. ¡Y vaya si lo hice! Tenía tantas ganas de hablar con alguien después de mi primer mes y medio como mochilero, que no paré de hacerlo durante los siguientes quince minutos. Que si la Gran Muralla china, que si la Yi Peng de Tailandia, que si quiero escribir un libro… Había entrado en modo *enmimismamiento*. Cuando quise darme cuenta, los chicos de mi lado ya no estaban y, a lo lejos, el bostezo de una oveja me dio la señal de parar. No obstante, el chico surfero seguía allí, atento a mis palabras. Era el momento de preguntarle a él.

Y empezó la fiesta. Me contó que se llamaba Daniel, que tenía veintiocho años y que, aunque nació en Chile, venía de viajar durante ocho meses a bordo de un velero junto con dos amigos por las islas de la Polinesia, Fiyi y Samoa. Todo ello sin atracar su embarcación más de uno o dos días por isla, durmiendo en el barco y alimentándose de lo que pescaban en el océano.

—Algunos días, cuando nos lanzábamos al agua y obteníamos una presa con el arpón, venían los tiburones atraídos por la sangre y nos quitaban los pescados a bocados.

Me quedé petrificado. Apenas pude pronunciar una palabra. Estaba ante un verdadero aventurero. Pasé cerca de una hora escuchando sus historias. Todo lo que me contaba me parecía fascinante e inspirador, como sacado de una novela de Julio Verne.

—Lo peor no son los tiburones, sino los humanos. Una vez nos asaltaron unos piratas y nos robaron todo. Creí que nos matarían. Pero acá estoy.

Al tiempo que alucinaba con cada anécdota, iba notando pequeños pinchazos en el estómago. Me sentía muy atraído por sus historias, pero también lejos. En cuestión de unos minutos había pasado de sentir un orgullo desmedido por mis viajes a sentirme pequeñito al lado de los suyos, como si mi Gran Muralla se hiciera Mini a medida que Daniel hablaba. [19] Mis oídos cuchicheaban:

DIABLILLO EN OREJA IZQUIERDA: «Dile que de los 21.000 kilómetros de Gran Muralla tú recorriste 3.000. Y descalzo. ¡Ah, y que construiste un tramo nuevo!».

ANGELITO EN OREJA DERECHA: «¡Uau! ¡Menuda suerte conocer a alguien así! ¡Pregúntale si puede darte consejos para hacerlo tú también alguna vez!».

Aquel día le hice caso al angelito, lo que no quitó que desempolvara mi viejo *Cuaderno de tareas* para apuntar una nueva labor a la que tarde o temprano me iba a tener que enfrentar:

La grandeza de tu historia no depende de cómo sea la de otros, sino de que sea tuya.

¿PERSONA O PERSONAJE?

En mayor o menor medida, todos nos desconectamos de la vida auténtica en algún momento. A veces es de la forma más tonta, como exagerando nuestras historias con los amigos o enseñando solo *el perfil bueno* en nuestras fotos. Otras pueden resultar incluso divertidas. Yo tuve un abuelo que tardó más de un año en decirle a mi abuela que se llamaba Rufino porque su nombre le producía vergüenza. En realidad lo descubrió ella cuando, un día, en su casa, alguien empezó a gritar «¡Rufino, Rufino, ven aquí!». Y tuvo que ir, claro. Hasta entonces, se había hecho llamar Carlos. Seguramente pensó que si le decía su verdadero nombre, mi abuela le querría menos. Poco sabría de ella por aquel entonces, pues mi abuela Vicky solo mira el corazón de las personas. Eso sí, cuando se casaron, ella le advirtió: «¡Ni sueñes con llamar a alguno de tus hijos Rufino!».

Las formas que tenemos de ocultarnos detrás de un personaje son innumerables: desde evitar que nos vean llorar hasta negar que nos hemos sentido celosos; desde pagar cosas que no podemos permitirnos hasta cambiar el discurso a medida que vemos la reacción de otra persona cuando hablamos. Algunos casos no tienen mucha trascendencia porque corresponden a un momento puntual e insignificante, pero hay otros en los que vivir detrás de una máscara puede llegar a cambiar el destino de una vida entera: personas que estudian lo que quieren sus padres en lugar de perseguir lo que aman, hombres y mujeres que niegan su homosexualidad por miedo a perder el amor de sus familiares, *influencers* que llegan a creer que son su avatar... La lista es larga, y sea cual sea el ejemplo, todos tienen algo en común: al producirse contribuyen a negar su historia y, con ello, le asestan un golpe a una autoestima que acabará por protestar.

Imagina que eres monitor de comedor infantil en el colegio Qué-más-da-cuál y has quedado por primera vez para cenar con los padres de tu pareja. En un momento dado, su padre te pregunta a qué te dedicas. A ti tu trabajo te apasiona, pues cada día tienes la ocasión de educar y hacer sonreír a un montón de niños, y te mueres por contarlo. Sin embargo, cuando empiezas a hablar, tu pareja te interrumpe y exclama: «¡Es profesor de secundaria en el colegio Qué-más-da-cuál!». Te sientes fatal. La persona que más orgullosa debería estar de ti se ha inventado una realidad para protegerse. Sientes que no te quiere, que se avergüenza, y te hundes.

Quédate con esto: la diferencia entre el daño que te hacen cuando niegan tu historia y cuando la niegas tú es... ¡ninguna!

La creación y el alimento de un personaje no es otra cosa que una forma de control sobre los resultados. Una manera de negarnos a aceptar lo que sea que traiga la vida. Cuando nos mostramos como otros esperan —o como creemos que esperan—, podemos encajar en cualquier sitio, agradar a quien sea. El problema es que evitar la desaprobación de los demás de este modo no nos lleva a sentir la conexión que buscamos, como tampoco a crear círculos de amor verdadero: aquellos que se conforman de las personas que nos quieren, admiran y valoran tal y como somos. ¡Sí, pensemos como pensemos, sintamos como sintamos y persigamos los sueños que persigamos! Yo los llamo cariñosamente «amigos o parejas moco», porque son los que me abrazarían incluso si una cosita verde colgara de mi nariz el resto de mi vida.

**Hay algo peor que engañar a los demás:
engañarse a uno mismo.**

El obstáculo en el amor no es el moco, sino nuestro esfuerzo por esconderlo. Recuerda: nadie puede amarnos como somos si no nos dejamos ver. Y no vamos a dejarnos ver hasta que no nos aceptemos.

Y aquí llega la pregunta del millón: ¿cómo lo hacemos para salir de la frase «Para amar tienes que amarte» y empezar a amarnos de verdad? Aquí va la respuesta: comprendiendo, valorando y abrazando nuestra historia.

El objetivo de este capítulo es dejar de escondernos tras la armadura para empezar a vivir con el corazón abierto; pasar de la vergüenza por nuestras imperfecciones al orgullo de vivir con ellas sabiendo que estamos dando todo lo que tenemos. Para conseguirlo, realizaremos un trayecto de cuatro paradas:

1) La decisión de despedirnos de nuestro personaje.
2) Reconocer las heridas que nos llevaron a protegernos.
3) Dejar de medirnos en función de los demás.
4) Sentirnos felices y satisfechos en nuestra piel.

¡Abróchate el cinturón, que vienen curvas!

Todos somos brillantes a la hora de mostrar nuestras luces, pero nuestra autenticidad depende de ser capaces de mostrar también nuestras sombras.

Cuando lo hacemos, ocurre el milagro: la sombra desaparece. No hay nada de oscuro en mostrarnos de la manera que somos.

LA GRAN AVENTURA FINAL

Al poco de empezar a viajar me di cuenta de algo que me ha resultado aplicable al resto de los escenarios de mi vida: el grado de curiosidad, implicación y riesgo que somos capaces de asumir crece a medida que nos exponemos. Esto lo he hablado con muchos otros viajeros: cuando empiezas a moverte por el mundo, quieres ir a los sitios más conocidos o turísticos, pero a medida que avanzas vas buscando aventuras cada vez más exóticas. En mi caso, hoy sé que experiencias en solitario como la del Himalaya o las islas desiertas de Tailandia nunca hubieran llegado de no ser porque antes hice otras como recorrer desiertos o selvas acompañado. Creo que esta es una lógica preciosa: comienzas por lo seguro y, una vez ahí, vas explorando tus límites poco a poco. A tu ritmo.

Siguiendo esta evolución, decidí que acabaría mi proyecto de viajes con una gran aventura. Quería que fuera memorable, el gran cierre final a tres años *bambando* por el mundo; algo que supusiera un desafío importante para mí, pero de lo que me viera capaz. Me sentía confiado para escoger una aventura de magnitud considerable, pues ya había vivido muchas situaciones difíciles que —si bien tiempo atrás me hubieran parecido inimaginables— en este momento ampliaban mi espacio de elección. Ahora sabía que podía dormir en el suelo, ducharme en ríos o lavabos, comer directamente de la naturaleza, soportar altas y bajas temperaturas o mirar a la cara a algunos animales salvajes. Y, lo más importante, sentía que por osado que fuera el desafío, de una manera u otra podría superarlo. La razón de esto último todavía la ignoro, pero casi siempre se había dado así.

El contexto ponía algunas condiciones. La pandemia estaba golpeando fuerte y la mayor parte del mundo se encontraba cerrada. La buena noticia era que yo estaba en Indonesia, país que permitía el desplazamiento entre islas sin demasiadas restricciones y que por su diversidad me ofrecía grandes posibilidades. Tras sopesar diferentes opciones, me decanté por una:

—¡Voy a recorrer Indonesia entera en moto!

El plan se presentaba alucinante. Partiría desde Banda Aceh, al oeste de Sumatra, e iría atravesando islas por tierra hasta llegar a Papúa, el extremo más oriental del país. Para cruzar de una isla a otra, subiría mi moto a ferris o cargueros. 7.000 kilómetros que me llevarían por junglas, volcanes, playas y ciudades hasta algunas de las pocas tribus sin apenas contacto occidental que quedan en el planeta. El final perfecto. La guinda al pastel.

Durante los meses siguientes a mi decisión, estudié parte de la ruta, pero algo estaba fallando. Normalmente, cuando imagino un nuevo recorrido me invade la ilusión —qué lugares encontraré, qué personas, qué comidas—, sin embargo, ahora sentía rechazo. Decidí ignorarlo, y una buena forma de hacerlo fue seguir analizando posibles rutas. Pero el rechazo no se iba. ¿Sería miedo? ¿Pereza? De ser así podría combatirlos, pero no se trataba de eso, y yo me seguía negando a pronunciar la razón, hasta el punto de que *Pelos*, el monstruo irreverente que arrasa mi nevera de vez en cuando, tocó a mi puerta. Esta vez no dijo nada, tan solo entró en la cocina y se preparó un batido de mango. Pero me clavó la mirada, y eso es algo a lo que me he vuelto especialmente sensible. ¿Esperaba a que hablara él o lo decía yo? Probé a hacerlo yo mismo:

—El hecho de que hayas ido creciendo en tus aventuras no quiere decir que debas hacer algo que no te sale del corazón. Por gigante que parezca.

Me rebasó la vergüenza. Sabía que si aquel viaje no me salía de dentro, mis impulsos para realizarlo provenían de fuera, y eso solo podía ser por dos razones: o porque quería demostrar algo a los demás o porque estaba cambiando de sueño. Aceptar aquello fue profundamente incómodo, pero también liberador. Nunca me fui.

CUANDO TE ATREVAS A DESPEDIRTE

Cada semana recibo varios mensajes de personas que, cansadas de su rutina, perdidas de rumbo o dolidas tras un traspié, me escriben preocupadas por seguir dando pasos en su crecimiento. Solo por eso ya tienen mi admiración. En sus textos, me hacen preguntas como estas: «¿Cuándo dejaré de sufrir?» «¿Cuándo sabré qué camino elegir?» «¿Cuándo encontraré el amor?» Y así, un sinfín de interrogantes que, por mi parte, siempre concluyen con la misma respuesta: «Cuando te atrevas a despedirte».

En unos casos, esta frase llega a los lectores como un cuchillo; especialmente cuando se trata de un amor de pareja, un antiguo amigo, un trabajo o una ciudad. En esos momentos, la fuerza de lo tangible se alza con evidencia para recordarles que sí, que deben tomar la decisión; y que no, que no será sencillo. No obstante, hay otro tipo de casos en los que la despedida que deben llevar a cabo no es tan clara. Y es en ese preciso instante cuando vuelve a sonar el timbre de mi buzón de entrada: «¿Despedirme yo? ¿De qué? ¿De quién?».

La respuesta está a punto de llegar:

«De ti».

En la mayoría de las ocasiones no recibo contestación, lo que siempre me ha llamado la atención. «¿Habré sido demasiado abstracto?» «¿Será que saben que soy una persona ocupada y no quieren *molestar*?» «¿O es que esperaban que les diera el número de teléfono de su persona diez, de su trabajo soñado o las coordenadas exactas de su propia mudanza?» Nunca lo sabré. El caso es que para los que aprendieron que las mejores respuestas solo pueden nacer de uno mismo, hay una aclaración más:

> *Despedirse es decir adiós a un amor malogrado, a un proyecto o a una ciudad, sí, pero también a una suma de creencias y miedos, a una forma de mirar la vida o a unos adjetivos que —con sentido o no— un día nos apropiamos. Es comprender que aquel sueño desvanecido no dice nada de los que aún restan por llegar. Es entender que aquella etiqueta que fuimos o esta que somos no tiene por qué acompañarnos el resto de nuestros días. Despedirse es, en última instancia, descubrir que, si queremos, lo mejor de nuestra vida puede empezar hoy.*

Todos sin excepción nos ponemos capas, y no siempre son como las de Superman, para volar; a veces son para todo lo contrario, para quedarnos en tierra. Cualquier máscara, armadura o personaje que nos creamos tiene una función, y en ocasiones puede resultar positiva, pero solo de forma provisional. En mi caso, ponerme la careta de *sabelotodo-listillo* cuando hace ocho años empecé con mi primer blog me ayudó a no venirme abajo ante algunas voces del exterior que me decían que yo no tenía dentro de mí nada que ofrecer al mundo, y menos escribiendo. Me creí el personaje, y gracias a eso encontré la fuerza para ir creciendo poco a poco sin dudar a cada frase que escribía. Ahora me río cuando veo algunos escritos del primer año, muchos de ellos redactados en un tono altivo e imperativo, pero aquello tuvo su valor para mí: no era el momento de decir «quizá tengáis razón y no valgo», sino de sentirme una estrella buscando su lugar en el cielo, de hacerme el fuerte, o el sabio, de reaccionar al extremo «vas a fracasar» con su otro extremo «yo nací para triunfar».

En ocasiones, la creación de un personaje puede ser la cuerda que tire de nosotros. Es lo que en desarrollo personal se denomina «actúa-como-si», y nos ayuda a asentar los hábitos del futuro éxito: ¿quieres ser un gran fotógrafo? *Actúa-como-si* ya lo fueras: madruga para buscar la luz dorada, empápate de contenidos de otros fotógrafos, sal a la naturaleza, toma cientos de fotografías para quedarte solo con una… Si lo haces, un día lo *serás*.

En mi opinión, el «actúa-como-si» no constituye del todo la creación de un personaje, pues solo por el hecho de actuar ya *eres*, aunque todavía no seas excelente en ello. Si te comportas como un valiente cuando tienes miedo y tu respuesta habitual es la huida, en realidad ya eres valiente. Quizá no el más valiente —todo se entrena—, pero tienes en ti la esencia del coraje. Un viejo proverbio lo proponía: «Una bellota, ¿es solo una semilla o es también la encina?». Yo creo que toda bellota es una encina en camino. No se pueden separar.

Dice más de nosotros adónde nos dirigimos que de dónde venimos o dónde estamos.

Sea como sea la máscara que nos pongamos —el personaje que nos creemos—, llega un día en el que tenemos que despedirla, decirle adiós como lo hacemos con los *ruedines* de la bici al hacernos mayores: «Gracias por la ayuda, pero desde ahora, avanzaré solo».

Por supuesto, llevarlo a cabo no es cómodo. Asusta mucho dejar de hacer lo que siempre has hecho, pensar como siempre has pensado, y reconocer que puede haber una idea, una aventura o una forma de mirar con la que nunca habías contado. Pero todo esto forma parte de la vida, de un ciclo natural que nos recuerda que para avanzar hay que dejar algo atrás, que para volar hay que despegar los pies del suelo y que para crecer hay que saber decir adiós.

> *Existen dos tipos de despedidas: aquellas en las que la vida te echa a ti y aquellas en las que tú decides qué echas de tu vida.*

> *Si bien las primeras suelen ser más duras, las segundas suelen ser más difíciles.*

> *Si bien las primeras pueden pararte el corazón, las segundas pueden hacer que empiece a latir de nuevo.*

Y es que no hay nada que detenga más nuestro corazón que la sensación de no vivir a ritmo con la vida, de no avanzar con ella; nada que lo ahogue tanto como el empeño en seguir vistiendo aquella camiseta que tanto nos gustaba aun cuando se ha quedado pequeña.

¡Ha llegado la hora de ponerle un lazo al personaje, meterlo en un buzón sin remitente y dejar que brote también nuestra luz!

¿TE HAN ROTO ALGUNA VEZ EL CORAZÓN?

Para muchas personas, la expresión «romper el corazón» hace alusión exclusivamente a la pérdida de una pareja a la que amaban con locura. Sin lugar a dudas, la ruptura de un vínculo amoroso con alguien que nos acompañó en nuestro viaje puede resultar demoledora, pero no acapara por completo la cuota de rasguños que acumulamos cuando hemos optado por vivir de forma valiente. Reconocer y aceptar los momentos y acontecimientos que rompieron nuestro corazón es vital en el proceso de abrazar nuestra historia, pero no siempre es una tarea a la que estemos abiertos.

Recuerdo a un chico irlandés que conocí en un hostal de Vietnam, se llamaba George. A juzgar por las fotografías que me enseñó, era un joven muy aventurero, y siempre estaba haciendo alguna actividad de riesgo: parapente, *rafting*, buceo en apnea, salto base… Aquel día tenía lágrimas en los ojos. Había estado practicando escalada en la bahía de Halong Bay y una caída había malogrado su pierna a la altura de la base de la tibia. George no era del tipo de personas que cuando algo les duele van al médico inmediatamente. Él prefería hacer reposo por su cuenta o, si era preciso, fabricarse su propia sujeción con palos y cuerdas a modo de escayola. Era una versión pelirroja de Alexander Supertramp, el personaje de la inspiradora película *Hacia rutas salvajes*. Sin embargo, en esta ocasión optó por ir al hospital.

Cuando volví a verle, al día siguiente, le pregunté por el diagnóstico.

—¡Tengo tres dedos rotos y una fisura en el tobillo! —me dijo con orgullo.

—¿Cómo? —le respondí sorprendido—. Pero ¿no se suponía que lo que te habías dañado era la tibia?

George se puso en pie, y quitándose la bota y el calcetín me enseñó sus zonas aparentemente dañadas.

—Sí, en la tibia no tengo nada, solo una contusión, las fracturas son de otros años. ¿No es increíble?

—Vaya, sí que lo es. ¿Y no te duelen?

—Bueno, a veces siento algunas molestias, no te voy a engañar, pero se han ido cerrando solas y puedo seguir con mi vida casi de manera normal.

La vida tiene golpes que debemos revisar. Momentos importantes que ocultamos bajo la máscara del «Yo estoy bien, soy fuerte» y que terminan por salir a la luz tarde o temprano. Existen muchos momentos camuflados que nos hirieron y asestaron nuestra trayectoria, y el hecho de que no los llamáramos rupturas no quiere decir que no nos partieran.

Para una vida de plena implicación todos debemos mirar en nuestro interior, saber el corazón que portamos antes de poder abrazarlo. No se puede amar lo que no se conoce, y no se conoce nada (ni a nadie) hasta que no se conocen sus heridas. Creo que todos deberíamos preguntarnos si alguna vez más de las identificadas en el amor se nos ha roto el corazón, pero en lugar de responder a la ligera, tratar de mirarnos con radiografía.

Era el momento de mirar a mi pasado y preparar toda la maquinaria de rayos X.

EL TROCITO DE MUNDO QUE PODEMOS TRANSFORMAR

Creo que mi corazón se rompió por primera vez de adolescente, cuando empecé a darme cuenta de que nunca sería la persona que me imaginaba de niño. No es que desistiera antes de tiempo —quien me conoce sabe que rendirme no se me da nada bien y que, en ocasiones, debería mejorar en eso—, es que mis sueños de niño eran particularmente ambiciosos. Recuerdo dos. El primero tenía que ver con el fútbol, ya que en los años de colegio era un gran jugador, de los mejores de todo el curso. Por resumirlo de algún modo, era el chico al que todo el mundo elegía en primer lugar para su equipo porque eso les garantizaba un par de goles antes de empezar el partido. Por aquel entonces, mi imaginación aún no había sucumbido a las voces que atesoramos de adultos y que nos recuerdan, una y otra vez, que es mejor tener cautela a la hora de soñar para así evitar decepciones posteriores. Ya sabes, dale un telescopio a un adulto y le buscará un buen sitio en el desván; dáselo a un niño y, cuando se enamore al ver la luna, te dirá que un día viajará allí. A mí me pasó, y de mi pasión por el fútbol en los patios de recreo pasé rápidamente a visualizarme marcando el gol que daba a mi selección el gran trofeo. De chilena, por supuesto.

Pero la vida, más que a un patio de colegio, se parece a la maravillosa película *Big Fish*, donde llega un momento en el que tienes que elegir si ser un pez grande en un acuario pequeño o un pez pequeño en un océano inmenso. Yo elegí la segunda opción y acabé ahogado. Si viste el último mundial, a buen seguro te percataste de algo: quien marcó el gol de la final no era yo.

El segundo sueño comenzó cuando, con ocho años, vi en una película a un hombre alto, fuerte y con barba enfrentarse a cuantos faraones se interpusieran en su camino para liberar de la esclavitud a todo un pueblo oprimido. Y lo consiguió. Tras superar, báculo en mano,

todo tipo de obstáculos —apertura del Mar Rojo incluida para atajar— y, deduzco, soportar unos cuantos «Oye,
Moi, ¿falta mucho?», el hombre de la barba logró lle-
varlos sanos y salvos a la Tierra Prometida, donde les
dio las diez claves de la vida para ser personas de bien.
Imagina los ojos de un niño al contemplar semejante
hazaña. Pude ver *Los diez mandamientos* un millón de
veces. Valiente, líder y coach. Sin lugar a dudas, si podía
elegir el futuro de mi vida, muera el fútbol, quería hacer
algo tan grande como él.

Por exagerado que parezca, mi yo niño era así. Si
encontraba algo que me gustaba, siempre lo deseaba a
lo grande. Daba igual que se tratara de un sueño, un
helado o un fuerte de Playmobil. Si existía una opción
XXL al lado de la L, jamás escogía la M.

Aún hoy conservo algo que aprendí de mi época im-
berbe: las pequeñas metas no motivan. Con la diferencia
de que ahora debo hacer frente a las limitaciones que
aparecen no cuando imaginas, sino cuando lo intentas.

**Si te pones una meta muy alta es posible que no
llegues, pero si te la pones demasiado baja
seguramente nunca empieces.**

Lidiar con la decepción de ver que no eres la persona que esperabas no es sencillo. En primer lugar, porque no se trata de una ruptura que se produzca de un día para otro, sino poco a poco. Nadie te dice de la noche a la mañana que algunas de las cosas que deseas no se pueden alcanzar, sino que es la propia vida la que, a medida que experimentas, te va mostrando tu sitio. Y, en segundo lugar, porque aceptar menos de lo que querías requiere de un duelo a veces difícil de llevar. Si alguna vez soñaste con ese vestido rojo y al llegar solo estaba en amarillo, sabes de qué hablo. Multiplícalo por cien.

Me gustan estas dos historias porque, aunque ahora las veo lejos, conservan la esencia de lo que aún sigo viviendo en mis nuevas etapas. Y como yo, hay millones de personas que cada día libran su particular batalla entre lo que siempre quisieron y lo que después han podido: madres y padres que descubren que no pueden tener hijos, jóvenes cuyas condiciones físicas no les dan para alcanzar el trabajo o titulación que querían, artistas que empezaron animados por la idea de llenar un estadio y se ven día a día peleando porque sus amigos acudan a sus pequeños bolos... Los ejemplos son incontables, y solo tú sabes la tuya. El problema está en seguir viviendo en nuestra cabeza como si fuéramos la persona que no somos en lugar de acoger con cariño a la persona que está dentro.

Como digo, el camino tiene su dificultad, pero es preciso pasar el duelo para descubrir quiénes somos en verdad, abrazarnos y decidir qué vamos a hacer con ello. La alternativa es pasarnos la vida sufriendo por interpretar un personaje en lugar de disfrutar de la belleza que conserva ser la persona que ya somos. A veces nuestro Mar Rojo es azul y más pequeño; a veces no puede atravesarse y toca bordearlo. Lo importante es seguir adelante con lo que nos ha sido dado.

> *El día que empieces a mirarte no desde «qué falta», sino desde «qué tienes» vas a descubrir que lo que creías poco puede ser en realidad mucho.*
> *Si nunca te miraste de verdad —si nunca te diste la oportunidad de verte en todo tu potencial—, te advertiré algo: prepárate para el asombro.*

Hay un cuento que me enamoró la primera vez que lo leí porque transmite esta idea. En él, un hombre camina por la playa entre lágrimas al ver miles de estrellas de mar en la arena a consecuencia de una fuerte tormenta. Como hombre de mar, sabe que estas difícilmente pueden sobrevivir más de cinco minutos fuera del agua. A lo lejos, ve a un niño exhausto tratando de devolverlas al mar a toda prisa. El hombre, desesperado, le dice: «¿Qué haces? ¿No ves que no vas a poder salvarlas a todas? Llevo caminando desde muy lejos y hay miles ancladas en la arena. No tiene sentido». El niño, mostrándole una estrella que guardaba en la palma de su mano, le respondió al tiempo que la lanzaba al agua: «Para esta sí».

De nuevo, una apelación al coraje: o por no llegar a todo nos rendimos y no hacemos nada, o peleamos por el trocito que podemos transformar. Admiro con toda mi alma a las parejas que no pudiendo tener hijos biológicos decidieron adoptar; al amante del fútbol que no llegó a primera división, pero se dedicó a entrenar; al cantante que hizo suya la bandera de los artistas valientes:

Quizá no puedas cantar una vez delante de diez mil personas, pero sí puedes cantar mil veces delante de diez.

En mi caso, poder inspirar a una *pequeña gran* comunidad de seguidores deseosos de crecer y expandir el corazón puede ser tan significativo como para aquel mesías liberar a miles de esclavos de sus cadenas, y, si se hace con amor y convicción, la única diferencia está en la trascendencia histórica de la hazaña. Tuve que llorar mucho para aceptar el diminuto sitio que me corresponde en la vida, para explicarle a ese niño que nunca le llevaré aquel sueño y a este adulto que con dar lo que tienes y aceptar el resultado es suficiente. Esta ruptura de corazón no fue cosa de un día, sino de muchos años, y siempre quedará la cicatriz. Pero hoy sé algo que antes desconocía, y es que las heridas son el signo de habernos implicado; de no haber sido cicateros en la entrega, aunque fuera de una idea; de habernos atrevido a amar con todo también un sueño. Me felicito por ello.

JOHNNY, EL DEL BANJO

Deja que te presente a mi ídolo. Se llama Johnny y no existe. Sí, es un personaje que me he inventado. En realidad, he conocido a muchas personas así, pero resumirlas en una sola me ayuda a centrarme en los momentos en que me entra alguna duda sobre lo verdaderamente importante de la vida.

Johnny es un hombre de unos sesenta años, media barba y pelo gris. Aunque nació en Nashville, Tennessee, hace tiempo que se mudó a una casita de madera a las afueras de Texas, donde pasa largas horas tocando un viejo banjo que le regaló su padre cuando era niño. Como no podía ser de otra manera para alguien que ha nacido en la cuna del country, Johnny suele llevar unas botas de cuero marrón, *blue jeans* y una camisa de cuadros rojos y negros que, asegura, le regaló un canguro bailarín. Mucha gente no le cree, pero no le importa, porque no existe.

Para Johnny no es un problema repetir ropa. «¿Por qué iba a serlo? Yo adoro mi camisa», afirma. Y es que Johnny no sabe que Zara ahora apuesta por las poleras ni tampoco que este año se lleva el amarillo. De hecho, no se acerca a un centro comercial desde que le prohibieron aparcar su pequeño tractor, y si alguna vez lo hace no es para comprarse las últimas New Balance, sino abono para sus fresas o aceite para su viejo cortacésped.

Definitivamente, Johnny no encajaría en todas partes. Nunca ha oído hablar de Instagram, no sabe lo que es TikTok y a su preciosa esposa no la conoció por Tinder, sino remando en el lago aquella mañana del 29 de mayo de 1984. Lo recuerda bien. Cuando le preguntan por sus *followers* se le ilumina la cara y, entusiasmado, habla sin parar de sus cinco seguidores: su mujer, sus dos *niñas ya no tan niñas* y los dos amigos con los que cada sábado queda para ver el béisbol mientras se atiborran a cervezas. Con ellos Johnny se siente todo un *influencer*.

Como no tiene teléfono, no recibe cada día setenta y cuatro mensajes de personas que no le importan, lo que hace que se sienta desubicado en algunas conversaciones en el bar. Solo esta semana se ha perdido que Rita se compró un hámster, que Joe ya consigue hacer diez toques con el papel higiénico y que Pete por fin mueve el meñique tras su día treinta y uno de rehabilitación. A cambio, tiene mucho tiempo para hacer las tres cosas que le gustan: amar a su familia, tocar su viejo banjo y cuidar meticulosamente cada una de las plantas de su jardín.

Para paun, paun, paun. Para paun, paun, paun.
(Su banjo suena)

Como puedes imaginarte, Johnny no es alguien conocido, ni una persona de la que —aparte de mí, que soy su amigo imaginario— hable nadie, pero tiene algo poco común: una mirada brillante, una sonrisa pausada y la sensación de que en su vida no podría caber más gozo.

Cuando le preguntan por qué parece tan feliz, Johnny no sabe qué decir. Nunca se lo ha planteado. Le importa más desvelar el secreto de por qué este año han salido tan grandes los tomates.

SIGUE TU PROPIO CAMINO

Pregunta de examen: ¿qué hace que Johnny viva sosegado y en plenitud?

> A: No tiene teléfono móvil.
> B: Ama la música country.
> C: El tamaño de sus tomates.
> D: Tiene claro lo que le importa.

Lo sé. Había trampa y yo también he dudado con la B, pero la respuesta correcta es la D: Johnny sabe lo que es importante para él. No para los amigos. No para lograr valoración. No para ser tenido en cuenta. Gracias a eso, gana tiempo para hacer lo que disfruta. No son demasiadas cosas, pero le hacen sentir satisfecho. ¿Su secreto oculto? Vive a su propio ritmo.

Todos deberíamos aprender un poco de Johnny, especialmente en un mundo que se mueve a tanta velocidad y con tantas posibilidades que nos tienta a creer que, si no nos acomodamos a su *tempo*, nos estamos perdiendo algo. Y esto es un error que nos está angustiando. Primero, porque es imposible llegar a todo; y segundo, porque en el intento nos perderemos el camino más importante y valioso: el nuestro.

TU HISTORIA ES TU HISTORIA

En uno de mis vídeos favoritos de siempre, se llevó a cabo un experimento que puede ayudarnos en el valiente proceso de abrazar nuestra historia. Tuvo lugar en un parque de Estados Unidos, donde un hombre reunió a cerca de sesenta jóvenes de diferentes espectros sociales para una carrera de cien metros. Así, había hombres y mujeres, homosexuales y heterosexuales, blancos y afroamericanos, personas de cuerpo atlético y personas con visible obesidad. El premio para el ganador: un billete de cien dólares. Una vez estuvieron todos bien posicionados en la línea de salida, el organizador les comunicó las reglas:

—La carrera comienza cuando yo os dé la señal. El primero que llegue hasta la meta se llevará estos cien dólares. Pero antes de que empecéis a correr, quiero que deis dos pasos al frente todos aquellos cuyos padres sigan casados.

Aproximadamente un tercio de los corredores avanzó.

—Ahora quiero que deis dos pasos al frente aquellos que crecisteis con una figura paterna en casa.

Mientras unos avanzaban, los demás seguían en su sitio. El organizador continuaba exponiendo las condiciones.

—Dos pasos al frente si tuvisteis educación privada. Dos pasos al frente si nunca tuvisteis que preocuparos porque os cortaran el teléfono. Dos pasos al frente si nunca tuvisteis que ayudar a vuestros padres con las facturas. Dos pasos al frente si nunca fuisteis discriminados en el colegio por no ser como los demás (...)

Tras un buen número de condiciones, los participantes ya no estaban alineados. Entre los primeros y los últimos había una separación de hasta treinta metros. La línea de meta, sin embargo, permanecía en el mismo lugar con los cien dólares esperando al primero que llegara.

—Quiero que los que estáis más adelantados —dijo el organizador— miréis atrás y seáis conscientes de vuestra ventaja, y que cuando lo hagáis os deis cuenta de que ninguna de las condiciones que os han hecho avanzar corresponde a nada que hayáis hecho vosotros o alguna decisión que hayáis tomado. ¿Significa eso que los que están detrás no deban intentarlo?

En la carrera de la vida no todos partimos desde el mismo lugar, sin embargo, en muchas ocasiones nos medimos y comparamos con los demás. Con frecuencia, la sociedad nos empuja a ello, pues tendemos a reconocer como vencedores no a aquellos que se esfuerzan más, sino a aquellos que llegan primero, sin tener en cuenta que tal vez partieran con ventaja. Nada de eso importa: las carreras de otros pertenecen a otros y nada dicen de la nuestra.

En realidad, no solo existe una carrera en la vida, sino muchas, y en cada una de ellas estamos en una posición de salida. Hay personas que son tan introvertidas que llegar a socializar con la comunidad al final de un evento puede suponerles un mundo, pero que, por otra parte, han logrado desarrollar una capacidad de escucha y reflexión sobresaliente. Lo mismo ocurre con personas que por la razón que fuera sufrieron algún tipo de trauma o discapacidad —la vida nos deja millones de ejemplos— y acaban destacando en facetas antes desconocidas para ellos.

Al final, cada agujero que nos deja la vida provoca en nosotros también un saliente, y es valiente aprender a reconocerlo y amarlo todo para, desde ahí, empezar a crecer. Me gusta pensar que aunque hay personas que nunca ganarían una carrera de cien metros, si aceptan el desafío de hacer su carrera más larga —de alejar su línea de llegada—, acabarán teniendo su oportunidad.

En respetar nuestros tiempos está la victoria.

CRECER POR ELIMINACIÓN

Veámoslo de esta manera:

Si, como decían mis profesores de matemáticas, una línea era una «sucesión infinita de puntos», entonces había algo que no entendía: ¿cómo era posible que, si usábamos esa línea de puntos infinitos como base de un triángulo e íbamos ascendiendo por los lados, al llegar a la cúspide, lo que antes eran puntos infinitos ahora fueran solo uno? ¿Y el resto? Me parecía milagroso.

Ahora creo que nuestras historias tienen mucho de este triángulo. La base representa todas las oportunidades que tenemos en la vida cuando nacemos, y son infi-

nitas. Ahí entran también todos los personajes que podemos llegar a ser, y entre todas esas posibilidades hay
un punto escondido que somos nosotros. ¿Cómo saber
cuál de todos? Toca ir ascendiendo por los lados hasta
llegar al vértice superior, donde se desvela el puntito que
somos por esencia. El camino hasta llegar arriba es nuestra historia.

En el proceso de búsqueda interior, mucha gente trata
de encontrar su puntito sin ascender por los lados, y acaban perdidos en un mar de posibilidades poco reveladoras.
Analizan, reflexionan, les dan mil vueltas a las cosas, pero
nunca terminan de identificar por completo cuál es su
puntito. ¿Qué hacen mal? Negarse al proceso natural de
autoconocimiento: detenerse, observar, probar y fallar.

A este proceso de ascender por los lados del triángulo hasta llegar al vértice yo lo llamo *crecer por eliminación*, y es el que nos permite quitar la armadura para
que aparezca el *caballero*, esto es, eliminar los personajes que ocultan a la persona. No hay otra manera: si
queremos encontrar nuestra esencia para *vivir en verdad*,
hemos de ir probando y descartando. Y es que:

**El paso inevitable para saber quién eres
es saber primero quién no eres.**

Describir el crecimiento personal de este modo me ha ayudado a comprender muchos de los desvíos que he tomado en mi vida, así como a integrar mis —a priori— malas decisiones en mi historia personal. ¿Por qué? Porque ahora sé que cada intento, por desafortunado que sea, es un paso más hacia mi esencia, y que en cada acción que llevo a cabo no hago otra cosa que trepar por los lados de mi historia mientras se acorta la base. Es como el juego de encontrar la aguja en el pajar: si en lugar de revolverlo todo para dar con ella te dedicas a vaciar la paja, puede que no la encuentres rápido, pero sabes que cada vez falta menos. Y esto solo puede querer decir dos cosas:

a) que en una vida valiente hacen falta muchos noes para encontrar el gran SÍ

b) y que vas a tener que ponerte mil vestidos hasta saber cuál es el que te queda bien.

En mi ascenso, he tenido que probar muchas máscaras antes de empezar a verlo todo algo más claro. Y, por supuesto, equivocarme. En el camino de mi profesión, por ejemplo, tuve que escribir varias veces lo que la gente quería *oír* para sentir el rechazo de la impostura y aprender que lo importante del arte no es a cuánta gente le llega, sino sacar la verdad que llevamos dentro para dejar cosas bonitas en el mundo, pues la belleza siempre está en la creación, no en qué lugar queda el autor. Tuve igualmente que desear la popularidad para darme cuenta de que, cuando se trata de recibir amor, *con un follower basta*. En mis viajes, tuve que visitar mil lugares para perder sensibilidad ante lo extraño y aprender que lo hermoso no está solo en lo dado, sino en lo que construimos con las manos —en todo aquello donde ponemos algo de nosotros—, y que para eso no hace falta irse muy lejos ni hacer algo extraordinario, sino estar presente. Y en el amor de dos, aunque sigo subiendo, tuve que clavar dos flechas y recibir otras dos para comprender que a veces, ante la pregunta «qué quieres», lo más valiente que podemos dar es un «no lo sé».

Cuando no dejas de caminar, hasta los pasos en falso pueden llevarte a tu verdad.

Nada de eso me avergüenza, es mi historia de ascenso y amo mi escalón. Lo importante, más que dónde estás, es siempre hacia dónde te diriges. Cuando tienes eso claro, no importa ni siquiera de dónde vengas. Estás en marcha, ahí reside el coraje.

AMAR TU ESCALÓN

Abrazar nuestra historia requiere no solo amar el final, sino toda la trama, y eso pasa por entender que cada una de sus etapas es igual de valiosa. Incluso las que vivimos enmascarados. Algunas de ellas quizá nos sorprendan o nos hagan reír al mirarlas desde el futuro, pero son necesarias. Para llegar al vértice nos tocará adoptar formas alejadas de nuestra esencia. Quizá sea ser un poco radicales en nuestras opiniones, o hippies, o egoístas y superficiales, ¡quién sabe! El caso es que, elijamos la fórmula que elijamos para protegernos, deberemos interpretarla con todas nuestras fuerzas para darnos cuenta de que ninguno de esos lugares nos corresponde. O sí. Lo que es seguro es que no ocurrirá desde el sofá, sino desde el ruedo donde sucede la vida. Las victorias y las derrotas. Los intentos y los aprendizajes.

> *Si en tus planes estaba vivir de una manera tan cauta y correcta que nadie pueda decirte nunca nada —si pensabas que vivir de puntillas iba a llevarte a algún lugar interesante—, te conformas. Y, lo que es peor, te escaqueas. Huyes del proceso natural de ser torpe antes que experto, de vivir aturdido antes que en calma. ¿Quieres amar de ti hasta la última de tus imperfecciones? Empieza por dejar que salgan.*

Como ya vimos, la despedida de nuestro personaje, solo por el hecho de ser una despedida, necesita de la gratitud para ser integrada en nuestras historias de valentía.

Nunca te avergüences de la persona que fuiste si fue el camino para ser la persona que hoy eres; nunca te avergüences de la persona que hoy eres si te llevará a ser la que esperas.

JUNTOS HASTA EL FINAL

Si seguiste en redes mi primera vuelta al mundo, tal vez conozcas esta última anécdota en el camino hacia el amor a nuestra historia. Comenzó una semana antes de partir, en octubre de 2018. Necesitaba un calzado para mi aventura y no quería que fuera uno cualquiera, quería que fuera especial. Tras buscar en varias tiendas, por fin sentí el flechazo: unas zapatillas rojas de la tienda Primark me miraron y me dijeron: «¡Somos nosotras, y lo sabes!». Y lo supe. Ilusionado, las mostré en mis redes sociales. «Ellas serán mis compañeras, ¡y solo por 10 euros!» Aquel día recibí cientos de mensajes, entre los cuales abundaban comentarios del estilo:

—¡Pero, Pablo, llévate unas más resistentes, que con esas no vas a aguantar ni tres semanas!

Lo que no sabían es que para este primer gran viaje le tenía declarada la guerra al «no se puede» y, prohibiéndome darles la razón, me prometí que daría una vuelta completa al mundo con aquellas zapatillas. Las llamé *Las zapatillas del viaje*. Muy ingenioso.

¿Y no se rompieron? Por supuesto que sí. En dos ocasiones tuve que ponerles unos neumáticos adaptados en la suela para que mis pies no tocaran el suelo. Aún recuerdo a un zapatero callejero vietnamita clavándoles un cuchillo para demostrarme que así eran irrompibles. No lo eran.

China, Tailandia, Indonesia, Myanmar, Japón, Bolivia... En total, ocho meses y catorce países. Me acompañaron en cada una de las aventuras: desde las zonas más remotas de la Gran Muralla hasta los arrecifes de coral de Filipinas; desde las rocas más alucinantes de California hasta las de Machu Picchu. Si para alguna excursión no había podido repararlas con pegamento o algún tipo de costura, ese día las llevaba en las manos o atadas en mi mochila, pero nunca las dejaba en *casa*. Ellas estuvieron conmigo hasta en una conferencia que impartí para una prestigiosa asociación en Ecuador. Imagínalo: trescientas personas escuchando a un loco que les hablaba de perseguir sueños vestido con unos chinos y una americana impolutos... ¡y unas zapatillas rojas completamente gastadas! [20]

Con todo, el verdadero secreto de esta historia estaba en algo que solo desvelé el día que pisé Madrid, mi ciudad de inicio. Y es que, en el tiempo que duró todo el viaje, guardadas en mi mochila, tenía otras zapatillas rojas exactamente iguales y sin estrenar.

—*¿De verdad nunca las usaste?*
—*Ni un solo día.*
—*Pero ¿por qué? ¡Nadie se habría enterado!*
—*Yo sí.*

En efecto, podría haberlas cambiado y nadie se habría dado cuenta, pero para mí era algo más que guardar la cara. Era una forma de recordarme que en la vida siempre tendremos una oportunidad fácil y a mano, y que basta con un simple movimiento para engañar a todos y seguir como si no pasara nada. Que lo sencillo es retirarnos a la primera de cambio; mirar lo gastado y exclamar «¡Te llevé conmigo mientras estuviste radiante, pero ahora que estás roto, adiós, ya no te quiero!». Y que lo roto y desgastado podemos ser nosotros cuando nos hemos implicado.

**Lo que recordaremos en el futuro no será
la adversidad, sino lo que hicimos con ella.**

La vida no siempre es sencilla, pero hemos de convivir con nosotros mismos, llevarnos a todas partes. Podemos hacerlo fingiendo o abrazándonos; como un personaje o como una persona. Nadie como cada uno para decidirlo. Mi aprendizaje en este punto fue que toda existencia implicada va a traernos heridas y frustraciones, y algunas podrán repararse y otras no. Por el camino habrá sueños a los que debamos renunciar y otros en los que simplemente tendremos que asumir que, por empezar a correr desde más lejos, necesitaremos más tiempo para llegar. Cada persona tiene su punto de partida, sus decepciones y su corazón roto por alguna razón, y, con todo, ha de seguir adelante con lo que tiene, recordándose cada día que esa y no otra es su historia, y que solo por eso ya es bonita. Necesité una vuelta entera al mundo para comprender que amarse es mantener la promesa de que, pase lo que pase, acabaremos la carrera de la vida con las zapatillas que empezamos.

La gran aventura final no fue llegar a Papúa,
sino aprender a escuchar a mi corazón,
aceptar mi ritmo y respetar el curso
de mi propia historia.

TERCERA PARTE

CORAJE

La decisión irrevocable de seguir adelante
a pesar de los miedos, la incomodidad
y el dolor tras la pérdida.

7

Aprendiendo a soltar

Pulsera Cero (Blanca)

> No conozco tres palabras que puedan cambiar tanto una vida como estas: suelta, salta y confía.
>
> ANA ALBIOL

El ascenso al campo base del Everest comenzó con un gran desafío para mí. Hacía ya algún tiempo que había superado mi pánico a volar, pero aún tenía pendiente medirme en alguna prueba de fuego. Para ello, recurrí al mejor truco que conozco para combatir los miedos: atreverme a temer desde el ruedo y no desde la grada. Siempre me ha llamado la atención cómo los miedos disminuyen cuando formas parte de la acción. Para mí son como el monstruo de debajo de la cama: si miras desaparece, pero no miramos por si nos come. Visto así, la solución se prestaba clara: recoger el pasaje que *se escondía* bajo mi cama y subir al avión. En este caso, avioneta.

Hasta ese momento, había aprendido a sentirme seguro en aviones comerciales y de gran tamaño, pero no en una aeronave de pequeñas dimensiones adaptada para veinte pasajeros de piernas cortas y en la que al subir te alertan de que el viento de cola puede alterar notablemente la trayectoria. «¡Fantástico! ¡Justo lo que necesitaba oír!» Esa fue la primera gran noticia. La segunda fue descubrir que el aeropuerto al que nos dirigíamos está considerado el aeropuerto más peligroso del mundo. ¿La razón? Sus escasos quinientos metros de pista entre escarpadas montañas y una empinada cuesta arriba para ayudar al avión en su frenada. Algo alucinante que contar... ¡si salíamos con vida! De la tercera noticia protemblores ya me encargué yo. Bastó con una rápida búsqueda en Google la noche anterior: «Accidentes avión Lukla». Aún no entiendo bien por qué hacemos estas cosas. Por qué, cuando nos disponemos a dar un salto hacia algo que podría resultar apasionante, orientamos nuestra mirada hacia lo que podemos perder en lugar de a lo que podemos ganar. Pero el caso es que lo hacemos, reduciendo la diversión de un camino que viviremos seguro ante la posibilidad de un mal final que, si tiene que llegar, lo hará de igual manera.

Eran las 6.30 de la mañana en el aeropuerto de Katmandú, y en la pista de despegue ya estaba preparada la avioneta. Uno, dos, tres… ¡dentro! Miré al comandante con ojos de *como-nos-mates-te-mato* y tomé asiento en la última fila, aguardando el momento en el que los motores empezaran a rugir y me recordaran una vez más que la única dirección posible, como en la vida, era *hacia delante*.

La avioneta despegó al tiempo que se obraba el milagro: el *monstruo de dentro del avión* no estaba y, en su lugar, me esperaron treinta y cinco minutos de vuelo fascinante sobre decenas de picos nevados de un Himalaya que mientras no parpadeara dejaría de ser el techo del mundo para convertirse en mi más preciada alfombra. Si el 22 de noviembre de 2019 viste un destello en el cielo, eran mis ojos contemplando semejante paisaje. [21]

Aterrizamos en Lukla sanos y salvos. No había comenzado mi gran trekking, pero ya se había confirmado algo:

El miedo es inversamente proporcional a la capacidad para observar o imaginar belleza.

UNA DESPEDIDA TRIUNFAL

Me encanta hacer metáforas con los aviones. Creo que contienen todo lo que puede necesitar una historia de inspiración y valentía. Primero, porque la simple pronunciación de la palabra «volar» ya evoca todo un mundo de fantasía, crecimiento y libertad. Y, segundo, porque el mero hecho de subirnos a un avión y atrevernos a soltar el control educa a nuestro corazón en el valor de la *confianza*, pilar irrenunciable de las vidas con coraje.

> *Llega un momento en el que no hay marcha atrás. Has de dejar tu futuro en manos de unas fuerzas que ya no controlas. Diste lo que tenías y con eso tu parte ha concluido. O saltas y confías, o te quedas en tierra repitiendo tu historia. La misma historia que te llevó a caminar hacia el precipicio.*

Otra cosa que me traen los aviones a la cabeza es que al hablar de ellos solemos pensar únicamente en el lugar al que nos llevan —muchas veces, rincones de ensueño donde construir recuerdos bonitos—, pero eso es solo la mitad de la historia. Falta la total verdad, y es que para llegar a un nuevo destino y construir esos recuerdos es preciso antes dejar uno atrás, y esto, fuera de los aeropuertos, no resulta tan sencillo.

Estaba empezando algo especial.

Conozco bien la anatomía de la despedida, no solo de países. Cuando echo la vista atrás veo una incontable lista de amigos que ya no están, de amores que una vez lo fueron todo y que ahora forman parte de otras historias, de trabajos y experiencias que, aunque en su día resultaron vitales, nada tendrían hoy que aportarme. Muchas de estas despedidas han sido dolorosas y otras han sucedido de una manera natural, pero todas han conservado algo en común: fueron necesarias para seguir creciendo.

**La vida no siempre son trenes
a los que subir; a veces son
estaciones en las que bajar.**

Créeme. Sé cuál es el precio de moverse —es llorar, es extrañar, es sentir el corazón roto y experimentar la nostalgia—, pero también el de permanecer anclados cada día a una rutina pasada. Y sé que lo que mata el alma no es sufrir heridas y seguir adelante con ellas de la mejor manera que podamos, sino mirar un día a nuestro corazón y encontrarlo agotado de latir durante años con fuerza y haber sido ignorado.

El fin de este capítulo no es dar un paso al frente negando la realidad de que irse duele, sino darlo convencidos de que para lograr la vida que queremos hay que tomar decisiones, integrando en nuestras historias de crecimiento el dolor, el corazón roto o la profunda sensación de echar de menos.

El viaje va a ser exigente y el aeropuerto complicado. Precisará de algunas dosis extra de coraje, pero vale la pena. Para recorrerlo de una manera segura, iremos de menos a más, abordando los diferentes tipos de despedida a los que nos vamos a enfrentar a lo largo de nuestra vida.

1) Soltar lo pequeño para alcanzar nuestra meta
   —«Sé lo que quiero, pero me desvío de la ruta».

2) Dejar ir lo más grande sin saber qué viene después
   —«No sé lo que quiero, pero sí lo que no quiero».

3) Abrirnos a lo desconocido
   —Aprender a vivir en el «no lo sé».

Si te animas, te daré un consejo: prepara un pañuelo de tela resistente, pues va a ser necesario que dure en el tiempo. Primero, para llorar por lo que dejas y fue importante; después, para agitarlo en señal de que has logrado una entrada triunfal.

UN KILO PUEDE MARCAR LA DIFERENCIA

Volvamos por unos momentos a Lukla, el pequeño poblado del Himalaya nepalí desde el que parten las excursiones hacia el Everest y otras montañas imponentes de alrededor. Allí no hay mucho que hacer, más allá de comer y beber algo para cargar fuerzas y tomar la decisión de cuánto quieres caminar ese día. Al tratarse de un trekking mundialmente conocido, existe un mapa de etapas donde se recomienda el número de kilómetros y paradas que realizar cada día. Hice mis cuentas y pensé que si no me entretenía demasiado podía doblar etapa. Apenas eran las 7.30 de la mañana y yo ya estaba listo. Tomé algunas fotografías del ya no temido *aeropuerto más peligroso del mundo* y eché a andar.

Lo bueno de lanzarte a metas que nunca antes has probado es que no te piensas tanto si lo intentas. De alguna manera, me recuerda a las primeras relaciones de pareja, cuando aún somos adolescentes. Cuando tienes quince años no andas pensando si todo encaja a la perfección con tus proyectos —principalmente porque no los tienes—, o entregándote con miedo a quien te gusta para que no te hiera como lo hicieron en el pasado —porque tampoco lo tienes—. Es mucho más sencillo. Sientes las cosquillas, te apetece y vas. Fin. Las heridas para después. A veces creo que en la carrera de *arriesgar* vamos un poco como los cangrejos. Para atrás y cogiendo las oportunidades con pinzas.

Subiendo montañas yo era quinceañero. Había hecho algo de senderismo en los Andes de Perú, volcanes de Indonesia y bosques de California, pero aquellas expediciones nunca habían durado más de una jornada. Aquí serían dos semanas, así que acabó saliendo la parte menos generosa de no saber dónde te metes. Quedaban dos horas para la primera puesta del sol y, según un pastor de yaks que merodeaba por el camino, cuatro hasta el siguiente poblado, Nampche Bazar. Correr nunca fue un problema para mí, siempre y cuando no llevara catorce kilos a la espalda y decenas de kilómetros de subidas y bajadas. Solo quería llorar. Había decidido realizar esta aventura con mi mochila de siempre, la de mi vuelta al mundo —nada apta para la montaña—, y me estaba torturando los hombros y la columna. Pero no era momento de lamentarse, o al menos no en parado. La opción de pasar la noche a la intemperie con mi saco de dormir estaba descartada. ¿El motivo? Un cartel de fauna de la zona con la fotografía y descripción de… «¡el tigre de las nieves!». Yo no soy alérgico a los *gatos*, pero consideré que era buena idea aligerar. Llegué con los últimos rayos de luz, creando para el futuro una nota mental: cuatro horas en Nepal es igual a dos y media para los hijos occidentales de la prisa y el estrés.

Una vez allí, busqué un *lodge* donde dormir. Me recibió un hombre de gran sonrisa. Los ojos le brillaban.

—*First time trekking?*

No sé si fue por las horas a las que llegué, por mi mochila de urbanita o porque todavía podía verse en mi cara que me había retorcido de dolor, pero aquel hombre me había cazado.

—Sí, señor. Primera vez.

—Bien, déjame ver.

Señaló mi mochila con la misma mano que sujetaba un cigarrillo y me hizo gestos para que la abriera y le enseñara lo que había dentro. Dio una última calada y empezó a hacer su particular inventario.

—¿Otros vaqueros? Con uno vale. Fuera. ¿Tres camisetas? No hay discotecas ahí arriba. Una fuera. ¿Sábana? En los *lodges* tienen. Fuera. ¿Pasta de dientes y crema solar? Con la mitad sirve. Vacíalos.

Cada elemento que iba sacando de mi mochila era para mí como si me arrancara un trocito de piel. A fin de cuentas, no eran tantas cosas como para abandonarlas, y podrían servirme en viajes futuros. Creo que sintió mi reticencia, pero se mantuvo firme, conocedor de lo que venía, y me dijo una frase que jamás olvidaré:

—Hijo, escucha. Incluso un kilo puede marcar la diferencia.

Hoy sé que aquello cambió por completo mi viaje. Estoy seguro de que con el equipaje al completo hubiera llegado también a mi meta, me conozco, pero lo habría hecho con dolor y hastío, en lugar de con alegría y atención. La etapa siguiente fue la prueba, cuando las lágrimas de sufrimiento se convirtieron en lágrimas de liberación.

No volví a ver a aquel hombre. Me hubiera encantado poder darle las gracias y decirle lo importante que fue para mí su consejo, pero no pude. O no de esa manera. Y no importa. Creo que a veces la mejor forma de dar las gracias no es decirlo con palabras a quien te ayudó, sino ayudando a mejorar las vidas de otros. Esto es algo que saben en el Himalaya, pero como está tan lejos a veces no lo vemos.

Todo lo que recibes no pertenece a quien te lo dio, sino al universo. Si ahora reposa en tus manos, imprégnate de ello, quédate un trocito y pásalo, pero no lo devuelvas. La sabiduría, así como el amor, no es patrimonio de uno, sino de todos. No hay manera mejor de honrar a quien te entregó algo valioso que haciendo partícipes a quienes aún no lo han recibido.

Desde aquella lección, mi pasión por impulsar a las personas hacia sus metas se ha visto intensificada por una mirada a su espalda. Ya no mido los obstáculos de la vida solo en muros o piedras que saltar por delante, sino en kilos que soltar por detrás. «¿De verdad tienes un sueño? Es hora de echar un ojo a tu mochila.»

**Hay dos maneras de llegar lejos:
ir acompañado y caminar ligero.**

SOLTAR LO PEQUEÑO PARA ASALTAR LO GRANDE

Hay muchas formas de sobrecargar nuestra mochila. En mi asalto al campo base del Everest lo hice con ropa y productos de aseo prescindibles, pero fuera de la aventura es un patrón que repito de manera cíclica. Por lo general, puedo decir que soy una persona que en cuestión de objetivos tiene muy claro lo que quiere, pero cada cierto tiempo pierdo el rumbo sin darme cuenta. Con los años he aprendido a conocerme, y ya sé que cuando empiezo a generar ansiedad y estrés diario es porque he dejado de dar prioridad a lo que creo y amo. No es raro que mis etapas de mayor inestabilidad coincidan con aquellas en las que leo menos, paseo poco y mantengo

más distancia con las personas y causas con las que realmente conecto; como tampoco es casualidad que sean
estas etapas en las que más me he dejado llevar por planes de noche, conexiones superficiales y relaciones vacías
que solo alimento por el miedo a decepcionar.

Por suerte, el cuerpo es sabio y conoce lo que quieres,
y cuando te alejas, se manifiesta. La clave está en saber
escucharlo. Esto es algo en lo que sigo trabajando, y
mantener el equilibrio entre lo superficial y lo profundo
se ha convertido en uno de mis mantras. Tanto si me
quedo corto en uno como si me paso en lo otro me de-
sestabilizo y contribuyo a mi peor versión. Yo lo llamo
salirse del raíl, y cuando me ocurre sé que ha llegado la
hora de armarme de coraje y preparar una vez más mi
agenda para las despedidas. Unas serán difíciles por haber tenido un alto valor en el pasado, y otras porque
aunque empezaron en diversión, acabaron por convertirse en hábitos que me dan más frío que calor, pero en
todos los casos, cuando me atrevo a decirles adiós, acabo volviendo a conectar con lo que me hace feliz y, lo
que es más valioso, alcanzo nuevamente la paz de volver
a mi centro, ese al que solo se llega cuando bailas a ritmo
de aquello que realmente es importante para ti.

LA MAGIA DEL *BIG DATA*

Revisar mi mochila es un modo de poder revisar también la de otros. Recuerdo un encuentro virtual con seguidores en el que me dejé llevar por la emoción al ver cómo estaba yendo la conversación y el cariño que estaba recibiendo. Acababa de contar la historia de Nampche Bazar y pedí a uno de los participantes que se animara a realizar un ejercicio conmigo. Sabía que estaba arriesgando y que tal vez me fuera a inmiscuir donde no me llamaban, pero me sentía fuerte y quise aprovechar la exaltación del momento para intentar lo que otras veces solo queda en mi fantasía:

—¿Quién de aquí tiene un sueño?

La mayoría levantó la mano a través de sus pantallas.

—Hablo de un sueño de verdad. Uno concreto y bien definido, de esos por los que trabajáis cada día.

Algunas manos se bajaron y, de entre las que quedaron, elegí a un chico de unos veinticinco años con la condición de que estuviera dispuesto a hacer lo que fuera que le pidiera. Aceptó entre risas y alguna broma con doble sentido. Se lo había puesto fácil. Me reí yo también.

—No te preocupes, es peor de lo que puedas pensar. Quiero que saques tu móvil y abras tu Instagram.

Sin pensárselo un segundo, extrajo su teléfono del bolsillo y buscó la aplicación.

—Dime, Juanma —así se llamaba—, ¿cuál es tu gran sueño?

Su respuesta me sorprendió.

—Pues me gustaría viajar por todo el mundo haciendo reportajes y compartiendo mis aventuras con los demás. Aún no sé si hacerlo desde la fotografía o la escritura. Quizá una mezcla de las dos sea lo mejor.

—¡Vaya, eso me suena! —le dije, al tiempo que me sentí aliviado ante lo que quería probar—. Hagamos una cosa. Vuelve a tu Instagram y dale al icono de la lupa, a «buscar».

Amo la magia del *big data*. A mucha gente le incomoda, pero para mí es una herramienta que me ayuda a encontrar el contenido que me gusta, ya que se basa en la información que ha ido recogiendo anteriormente. En el caso de Instagram, cuando pulsas el botón de *la lupa*, te muestra un sinfín de fotografías y vídeos relacionados con tus acciones previas. En definitiva, saben lo que haces y, si me enseñas tu teléfono, yo también. Así pues, pedí a Juanma que nos enseñara a todos lo que le aparecía en la pantalla de su teléfono y lo ojeé durante unos segundos. Aún estaba algo preocupado por si lo que iba a hacer a continuación le disgustaba, pero su actitud proactiva me dio confianza. Centrándome en las primeras nueve recomendaciones, me lancé:

—¿Seguro que viajar es lo que quieres? ¿Y fotografía? Yo aquí encuentro muchas otras cosas. Veo tres chicas en pose de seducción, dos memes graciosos y tres coches de lujo, pero solo una fotografía de viajes: ¡Bora Bora! Creo, querido amigo, que si realmente viajar es tu Everest, cargas tú también con algunos kilos de más.

Llevo años estudiando los sueños —así como peleando desde dentro por los míos— y he observado dos patrones que siempre se repiten en quienes los llevan a cabo:

1) Creen que lo merecen.
2) Y no se desvían demasiado del foco.

Estas personas no tenían un mayor cociente intelectual, ni más dinero ni poderes especiales. Tampoco eran genios. Eran personas como tú y como yo que simplemente sabían trazar una línea con tiza en el suelo y hacer a sus lados dos listas: una titulada «lo que me da alas»; otra, «lo que me encadena», no dando nunca más valor a la segunda que a la primera.

¿CÓMO SE LLAMA TU PELÍCULA? (TERCER AVISO)

Ser coherente con nuestro camino no siempre es fácil, pero es necesario para no perder el rumbo y la paz interior. Este es un tema en el que he insistido en mis dos libros anteriores. En *El universo de lo sencillo* lo presenté a modo de pregunta: «¿Cómo se llama tu película?». O, planteado de otra manera: «¿Cuál es el título de tu vida?». Venía a remarcar la importancia de elegir una palabra o una frase que pudiera definir nuestra esencia o alguno de los pilares inamovibles de nuestra historia personal. Así, para unos su título sería *Creciendo*, para otros *Construyendo una familia* y para otros *Cazando sueños*. Cada uno ha de elegir el suyo y, una vez lo ha definido, tratar de protegerlo para hacer que su película se sostenga. ¿Cómo? Eliminando aquellas escenas que poco o nada tengan que ver con el título fijado. Cuando no ocurre así, la narración empieza a chirriar. Mucha gente se sorprende cuando les cuento la historia del *Titanic* en un modo romántico y, al llegar al momento en el que Jack estira la mano para agarrar la tabla de Rose —¡cabía y lo sabemos!—, les narro con toda mi pasión cómo aparecen por detrás *Los tres cerditos* en una lancha motorizada y a todo trapo, escuchando *Flamenkito* entre mojitos mientras le lanzan una cuerda para recogerlo y llevárselo de allí a un clima más templado. Visualmen-

te es impactante porque rompe los esquemas de lo espera-
do, y siempre que lo cuento provoca carcajadas, pero
cuando nos damos cuenta de que la película que *chirría*
no es solo la del *Titanic reggaetonero*, sino la nuestra, las
risas se convierten en un sonoro «¡*Zaaas!*» (ladrillo en la
cabeza). Y es que una cosa es saber lo que queremos y
otra ordenar nuestro universo para hacer que suceda.

Hay muchas formas de salirnos del título de nuestra
vida:

> » Quiero encontrar al amor de mi vida, pero mi
> trabajo para amarme yo primero es... ¡ninguno!
> » Quiero mejorar mi estado físico, pero si puedo
> utilizo siempre el ascensor. «¡Y de beber, albóndigas!»
> » Quiero llegar a ser un gran locutor de radio, pero
> en cuanto termino las clases del máster, no encien-
> do el micrófono ni para ver si tiene pilas.
> » Quiero ahorrar para poder abrir mi propia empre-
> sa, pero... «¿Fiesta? ¿A qué hora? ¡Voy para allá!»
> » Quiero ser un referente en el campo del desarro-
> llo personal, inspirar a la gente y dejar al mundo
> con la boca abierta con mis reflexiones, pero, a final
> de mes, *Series de Netflix 10, Libros 1*.

En todas ellas, una pauta: no se actúa a favor de la
meta.

Por supuesto, dentro de nuestra película debe haber espacio para las sorpresas. Puede, incluso, que en mitad de ella aparezca *el giiiiro finaaal* y lo trastoque todo. Pero cuando se trata de aspectos importantes de nuestra vida —como el amor, el trabajo o nuestro entorno— es fundamental tener un rumbo que dé sentido a nuestros pasos y nos contenga de aquellas escapadas que acaban por desorientarnos.

DESPRENDERSE DE TU JUGADOR ESTRELLA

Dejar a un lado las pequeñas *cosas* que nos alejan de nuestras metas —los kilos de más— es, sin duda alguna, el desafío que marcará nuestro ascenso triunfal. Pero eso no es todo. Hay un reto aún mayor al que enfrentarnos en nuestro proceso de crecimiento valiente, y consiste en despedirnos de aquello que durante un tiempo ha ocupado un gran hueco en nuestro corazón, incluso cuando al hacerlo no sepamos adónde nos llevará la vida. Son las *despedidas a lo grande*: dolorosas, pero necesarias.

No hay peor despedida que aquella que, habiendo llegado su momento, nunca se produce.

Cuando se trata de personas, la decisión de despedirnos puede llegar a ser descorazonadora. Muchas veces tenemos la sensación de que, si nos separamos de amigos o parejas que en su día tuvieron un papel fundamental en nuestra historia, estamos siendo desleales o desagradecidos, pero nada de eso puede ser más equivocado. La vida es una suma de etapas que empiezan y terminan, y saber reconocer cuándo ha llegado un final, lejos de ser una falta de gratitud a los que estuvieron, es una forma de respetar tanto los ciclos naturales como el camino de los otros. Mantener una amistad que ya no nos llena, seguir adelante con una relación por lo que fue o no marcharnos cuando las intenciones finales son diametralmente opuestas no solo consume nuestra energía, también la de los demás, y eso no es lealtad o gratitud, sino egoísmo.

Otro tipo de *despedidas a lo grande* tiene que ver con aquello que no solo tuvo mucho valor para nosotros, sino que todavía hoy lo tiene. Son las despedidas más difíciles de percibir, ya que el elemento o persona al que permanecemos apegados nos produce algún beneficio importante. El problema es que el mismo beneficio que nos atrae para quedarnos, nos distancia de la vida que queremos. Es ese trabajo que «no me apasiona, pero pagan bien», o la hipoteca que impide que cumplas tus sueños viajeros. Es ese *chico* que sin ser lo que buscabas te ayuda a no sentirte *sola*, o la ciudad que, aunque te encanta, te quita la ilusión de sentirte extraño en un lugar. Es ese amigo sobre el que gira tanto tu vida que tu mejor luz y autenticidad resurgen cuando no está, o ese familiar a cuya opinión das tanta importancia que hace que te olvides de la pregunta más valiosa: «Y yo, ¿qué es lo que quiero?». En definitiva, son esas personas, rutinas o lugares que absorben buena parte de unos recursos que, mientras sigamos empleándolos ahí, no los pondremos al servicio de lo que realmente anhelamos. Pero debemos despedirlos, y hacerlo no siempre implica romper del todo o no volver a verlos, sino establecer una nueva distancia. Moverlos del centro a un lateral. Del campo de juego al banquillo.

**Hay veces que decir adiós no es una opción.
O te despides de lo que te frena,
o te despides de ti.**

Para suavizar este ejercicio tan difícil de desapego, hay una frase que utilizo con frecuencia con los amigos y que me ayuda a visualizarlo, y es la siguiente: «A veces tienes que desprenderte de tu jugador estrella». La primera reacción suele ser la misma: «¿Cómo? ¡Pero si es mi estrella será porque es lo mejor que tengo!». Y es cierto. ¿Cómo imaginar a tu equipo sin tu Messi, tu Cristiano o tu Michael Jordan? Es difícil. Sin embargo, hay ocasiones en que la presencia de algo muy grande absorbe la fuerza de otras fuentes de las que también deberíamos nutrirnos. Ocasiones donde la suma de unas partes más pequeñas pero ordenadas puede ser mayor que el aporte de nuestra más brillante estrella si esta nos genera caos.

Yo he tenido muchos jugadores estrella en mi vida —Belfast después de mi Erasmus, mis veranos de dos meses en Jávea, mis colegas de juerga, chicas que me gustaron—, y todos ellos me dejaron cosas maravillosas, pero tuve que dejarlos ir o reubicarlos para hacer espacio a lo que demandaba mi momento. Pulsera Cero.

Nada duele más que un «casi». Nada tanto como aquello que se queda a un poquito de ser lo que esperabas. Pero el «casi», por próximo que quede al «sí», es siempre «no», y hay que tratarlo por igual.

Es la forma de decirnos a nosotros mismos que no renunciamos, que todavía nos amamos y que hemos dejado un hueco para que el premio grande se produzca más adelante.

SALTAR DEL BARCO ANTES DE QUE SE HUNDA

El tema de la *reinvención* siempre ha sido uno de mis favoritos —además de uno a los que más horas y reflexiones he dedicado—, y he comprobado que todas las despedidas, sean del tipo que sean, se pueden integrar en uno de estos tres momentos:

1) Cuando estás en lo alto.
2) Cuando has tocado fondo.
3) Cuando estás en *la zona media*.

Cada uno tiene sus matices y sus dificultades. Despedirse en lo alto tiene que ver con nuestros momentos de éxito. Es decir: «Podría lograr más, sí, continuar como hasta ahora y aprovechar la ola, pero lo que tengo ya es bastante. Necesito nuevos desafíos, volver a ilusionarme, crecer en otros mares». Hacerlo al tocar fondo es tal vez lo más doloroso, pero también lo más habitual, arriesgado e irresponsable. «No me voy porque yo lo decida, sino porque la vida me echa.» Es una profunda depresión, una separación tras años de desamor o una visita al hospital. Es el empujón de la supervivencia haciendo nuestro papel, y tiene una mala noticia, y es que hay fondos de los que nunca se sale. Por último, están las despedidas en *la zona media*. Son las que con más frecuencia tenemos al alcance, pero también las que más nos cuestan, dado que la fuerza para llevarlas a cabo no proviene del exterior, sino de una decisión propia. Son aquellas donde la vida no nos aprieta lo suficiente como para salir corriendo, ni nos motiva tanto como para marcharnos sin resistencias. Es la zona de seguridad, el lugar donde *los puntos de sutura* y *los puntos dorados* se expulsan del *sofá* a partes iguales: «¡Ale, sueños y fracasos, a dormir juntitos al suelo!». Hace poco tuve un breve diálogo con una seguidora por redes sociales que explica muy bien la esencia de este territorio pantanoso:

—Hola, María. Cuánto tiempo sin hablar. ¿Cómo te va todo?

—Bueno, he estado mejor. Sigo con mi chico, aunque sé que no es el amor de mi vida, y en el trabajo pues como siempre. Con ganas de dejarlo e irme a viajar.

Hasta aquí, nada extraño. El matiz vino cuando revisé nuestra conversación en el chat, donde encontré estos dos mensajes de un año antes:

—Hola, María. ¿Qué tal? He visto que estás con un chico. ¿Feliz? ¿Y lo demás? ¿Todo bien?

—Bueno, llevamos ya unos meses, y sé que no es el amor de mi vida, pero ahí vamos. Por lo demás, tratando de dejar el trabajo y empezar a viajar.

Diferentes años, misma historia. Aquel día no respondí. Hay días que me asaltan los demonios por dentro y es mejor que no me pronuncie hasta que recupere la calma, especialmente cuando se trata de pelear por la vida que queremos. Y es que he intentado debatir situaciones como esta muchas veces, y casi siempre encuentro justificaciones que llevan la conversación a ningún lado: «Es que la seguridad», «Es que le quiero», «Es que allí no conozco a nadie», «Es que la edad»… y, como estas, un sinfín de razones de miedo que solo sirven para ocultar la verdad del lugar en el que se están moviendo. Sí, aguantar en un trabajo que no te llena pero tampoco te mata es *zona media*. Tener una relación de pareja cuando sabes que quieres otra cosa es *zona media*. Esperar a que quieran comprometerse cuando tú lo das todo es *zona media*. Y tal vez reconocerlo no nos haga pasar el mejor fin de semana, pero es la mejor manera de empezar a hacer algo al respecto.

Sufro cuando veo el adormecimiento de los sueños, y siempre ocurre por haber renunciado a tomar las riendas de nuestra vida. He probado a implicarme en historias como esta muchas veces, pero ni mi tiempo abarca tanto ni hay mucho que yo pueda cambiar. Al final, la decisión es de cada uno, y lo mejor que puedo hacer es tratar de inspirar bregando yo con mis propias guerras de desapego.

Hoy, más que unas palabras, le enviaría a María un deseo. El deseo de que su reloj se parara y tuviera una visión. En ella, sus manos están arrugadas, su alma fatigada y su cuerpo dolorido por la edad. Suspira al mirar atrás y exclama: «¡Maldita sea! Era joven, y fuerte, y podía comerme el mundo y perseguir lo que realmente quería. ¿Por qué demonios no lo hice?».

Puede que la llegada salvadora de *Los tres cerditos* no sea un final muy realista para *Titanic*, pero ser miembro de la orquesta y seguir tocando mientras se hunde el barco tampoco es la mejor opción. Romántico, eso sí, pero poco funcional. Si te ves en una igual, procura saltar con tiempo y negociar el hueco restante de la tabla de Rose.

Cabes. Y lo sabes.

¿Saltar del barco antes de que se hunda? ¿Salir de la zona media? Los abuelos lo decían de otra forma: «Vale más una vez colorado que veinte amarillo». Es un refrán muy pronunciado, como también de los que más deberíamos considerar, pues cuando no lo hacemos nos acabamos llevando el pack completo: primero, los veinte amarillo; después, el colorado.

La puntualidad no es solo llegar a la hora. Es también marcharse a tiempo.

Dejar la carrera que no te gusta. No ir a la cena por compromiso. Dar las gracias a quien te acompañó en el camino. Cuestionar todo aquello que diste por verdadero. Cambiar de entorno. Despedir a tu jefe. No contestar a todos los mensajes. **SOLTAR** *Vender tu coche para comprar tiempo. Dejar que tu hijo se equivoque. Responder «no lo sé». No buscar tu perfil bueno en cada foto. Comprar un billete «solo ida». Cantar aunque desafines. Alegrarte por la felicidad de tu ex. Dudar. Donar la ropa que no usas. Salir de casa sin expectativas. Cambiar «soy» por «fui».* **SOLTAR** *Reinventarte profesionalmente. Buscar el acuerdo en vez de la razón. Separarte. Por fin. No responder a la ofensa. Confiar en el largo plazo. Dejar que otros hagan los planes. Ir de copiloto. Aceptar que hay días malos. Creer sin pruebas. Cambiar de número de teléfono. Dejar a medias el libro que te aburre. Bailar sin saber la coreografía.* **SOLTAR** *Viajar sin GPS. Cortarte la melena. Quedarte en casa cuando todos van. Vaciar tu agenda. Entender que tus padres, antes que padres son personas. Ir al cine sola. Mudarte a una nueva ciudad. Decir que no a todo durante una semana. Perdonar.*

¿Cómo vas a soltar hoy?

VIVIR EN EL «NO LO SÉ»

En mi contacto con los sueños de mis seguidores, he comprobado que la pregunta que más detiene nuestros pasos no es «cómo», sino «qué». Y es que hay etapas donde no sabemos dónde ir o qué título elegir para nuestra vida, teniendo que esperar a escribirlo más adelante. No es raro que cada mañana despierte con un mensaje parecido a este: «Yo también quiero vivir ilusionado, saber cuál es mi propósito y ponerme manos a la obra, pero es que no lo encuentro». O «Nunca he sentido que tenga una gran pasión, y sinceramente, no sé si la tendré. ¿Hago algo mal?». La respuesta es sí, y no importa cuál sea el caso: si pasado un tiempo buscando la *felicidad* en un mismo *lugar* no la hemos encontrado, es que ahí no está. Todo intento tiene un plazo y toda mirada al interior sus límites. Al final, cada uno sabe cuándo una batalla le hace feliz o le deja a medias, y la postergación y las excusas para no salir de ahí son solo unos recursos primarios que no impedirán que nuestra vitalidad se declare un día en rebeldía, ya sea para apagarse para siempre o para acabar dando el salto definitivo. Aguardar a lo primero es un riesgo demasiado alto; esperar a lo segundo, un desperdicio de nuestro mejor oro: el tiempo.

No hay ser humano que no haya nacido para vivir profundamente enamorado.

Viajando he aprendido algo, y es que hay una diferencia importante entre movernos con billete de regreso y hacerlo «solo ida», y es la apertura con la que nos lanzamos a la experiencia. Cuando hay fecha y, sobre todo, destino de vuelta, puede que salgamos a explorar, pero siempre sabiendo dónde están nuestras raíces. Es como correr atados a una cuerda de goma: sales, te alejas, vives... pero llega un momento en el que la goma no puede tensarse más y vuelves lanzado al punto de partida. Este tipo de viajes vienen a ser como un paréntesis, una burbuja dentro de nuestra vida habitual. Cuando viajamos sin pasaje de vuelta, por el contrario, no hay goma, y toda la historia queda por delante, hay que construirla. Si has tenido la suerte de vivir una buena temporada fuera, habrás observado cómo al desprenderte de todo tu pasado resurge una parte de ti mucho más exploradora y abierta. Hablas con más gente, recorres cada lugar de la ciudad, te vuelves más activo, creativo y atento... En definitiva, tus sentidos se abren al completo para dar la bienvenida a nuevas personas y vivencias. Para mí, esa es una de las razones por las que amo tanto moverme. Me genera mucha ilusión descubrir qué habrá en la siguiente isla.

Personalmente, no creo que haya una forma de viajar mejor que otra —turista o *viajero* son dos alternativas diferentes de disfrute—, pero sí que es bueno estar preparado para las dos, tanto para saber regresar a *casa* cuando allí somos felices como para abrirnos a la curiosidad si nos visita la frase «sé lo que no quiero, pero aún no lo que sí quiero».

> *Y este es el error que más nos retiene en* la zona media: *esperar a tener un nuevo destino antes de dar el salto. Pero ahí no hay coraje. Viajar por la vida de certeza en certeza no sacará nada interesante de nosotros. Pretender pasar a un modo de vida mejor sin soportar un momento de vacío no nos abrirá por completo a las oportunidades.*

> *Lamentablemente, nunca funciona: cuando avanzas con un ojo mirando atrás, acabas volviendo atrás.*

No saber cuál es el destino no es una razón para quedarte donde no eres feliz.

Siempre me ha llamado la atención que, de entre todos los viajes de estos años, se colara uno muy pequeño entre mis favoritos. Se trató de una escala de solo dieciocho horas en Kuala Lumpur. Fue el más corto, pero de los más divertidos, dado que dejé el destino de la aventura en manos de los seguidores: cómo moverme por la ciudad, dónde ir, qué comer... Mi única decisión fue dejar que decidieran por mí. Yo hacía la pregunta en mis redes y ellos votaban. Todo resultó estupendo, e intrigante. Me ayudó a recordarme una vez más el valor de confiar, así como el refuerzo de un aprendizaje: no es necesario conocer el destino para empezar a caminar. [22]

BILLETE «SOLO IDA»

Creo en el miedo al vacío y en el dolor de la despedida, pero también en el estado de apasionamiento que genera sentir que todo puede pasar, y que en ese «todo» está incluida la vida que soñamos, como siempre estuvo, con la diferencia de que ahora ya sabemos un poco más acerca de nosotros —lo que no queremos—, y eso siempre es sinónimo de estar más cerca. Sé que no existen las garantías —que si le preguntamos a la ciencia nos dirá que no se puede probar—, pero también que el salto es mayor y el duelo menor cuando ponemos toda nuestra energía en pensar que lo mejor está por llegar. Es la magia de confiar, pero para disfrutarla, hemos de abrirnos con firmeza a la curiosidad.

Ahora bien, el *problema* de curiosear es que te obliga a salir de la zona conocida, y con ello a enfrentarte a alguna verdad incómoda. «Mierda, voy por tercero de Derecho y acabo de darme cuenta de que amo la música con todas mis fuerzas.» «Ostras, llevo años labrándome un nombre en el sector y ahora que tengo reconocimiento descubro que al único que no le gusta lo que hago es a mí.» «Ufff, no sé cómo hacer esto. Siento que he cambiado y que ya no conecto con mis amigos de siempre. Podría seguir haciendo planes con ellos, pero eso no cambiaría el hecho de sentirme completamente sola, frenada y vacía a su lado.» La dinámica siempre es la misma, y la pregunta no da para más que una de dos: ¿te escuchas o te ignoras?

La magia de la curiosidad a veces no deja prisioneros. ¿Es arriesgado? Sin duda. ¿Habrá caídas y pasos en falso? Debemos darlo por hecho. Pero nada de eso es una razón para renunciar a quienes somos. Doy fe de la dificultad. Hoy me siento fuerte para decir esto porque me siento centrado, pero cuando estoy ante un adiós soy el primero en temblar. Pero busco un refuerzo. Y es entonces cuando —aquí sí— miro atrás para fijar la memoria en las veces que confié al saltar. Y no veo a un viajero al que le fue bien con sus libros, sino a un *niño* que un día cogió las maletas sin saber lo que llegaría y dijo: «Mamá, quiero dedicarme a escribir». Y sonrío con ternura al ver lo *malo* que era cuando empecé sin tan siquiera saberlo, pero consciente de que fue aquella ignorancia la que me trajo hasta aquí.

No es saber qué pasará lo que nos impulsa a un futuro mejor, es creer, y eso no depende de la información que tengamos acerca de lo que vendrá, sino de nuestro sentido de merecimiento para buscar la vida que amamos.

**Quien en un solo instante fue capaz de sacar
toda su luz tiene el poder de iluminar
el universo una y otra vez.**

Muchas veces me preguntan qué es una aventura y, tras muchas travesías, creo tener una respuesta: aventura es adentrarte en una historia sin saber el final. Puede ser una jungla o un viaje en velero, como también un nuevo amor o perseguir un sueño, pero siempre, para poder llamarlo aventura, es necesario dejar algo de espacio para que el desenlace de la trama sea diferente a lo que esperabas.

Hay veces que la vida nos demanda ser viajeros, no turistas, y esto solo pasa por una decisión. Dar el salto y marcar una casilla.

La casilla «solo ida».

8

No retirar la mirada

Pulsera 0-5-10 (Turquesa)
Pulsera no retirar la mirada (Marrón)

La práctica de la compasión es arriesgada.
Implica relajarte y acercarte suavemente
a lo que te asusta.

PEMA CHÖDRÖN

Hay días que te cambian la vida para siempre, y lo más curioso es que llegan sin avisar. A mí me ocurrió el 4 de abril de 2020, concretamente a las 9.40 pm. Aquella noche me encontraba en mi casa de Bali, escribiendo algunas ideas para este libro, cuando un ruido golpeó la puerta de la entrada. Supuse que se trataría de alguno de mis amigos, así que pausé la escritura y me levanté a abrir. Nada. Nadie. Estaba seguro de que había escuchado una llamada, por lo que decidí asomarme a la puerta del jardín. No había dado más de un paso cuando hallé al responsable. A mis pies, rascándose con fuerza y llorando suavemente, había un perrito malherido. En un instante me vinieron mil ideas a la cabeza, desde «¡Joder, estaba trabajando! ¡No puedes hacerme esto!» a «Pablo, ¿serás estúpido? ¡Este animalito necesita tu ayuda!». El corazón saltó para darme una bofetada y, tras reaccionar a ella, me agaché para ver su estado. El perrito estaba hecho un auténtico trapo. Tenía heridas por todas partes, decenas de pulgas recorriendo su cuerpo y el suficiente poco pelo como para distinguir que era blanco con manchas marrones. Se me encogió el alma. No tenía ni idea de qué hacer, pero sí que «nada» no era una respuesta acertada.

Dada la hora que era, la opción de acudir a un veterinario estaba descartada. Opté por llamar a mi amiga Ana y usar el comodín del público: preguntar a los seguidores. Sin darme cuenta, se había iniciado una rueda de amor y entrega como no había visto antes en mis redes.

SEGUIDORES: «Para las pulgas, usa vinagre de manzana, y si no tienes, agua con limón. Para las heridas, jabón. ¡Y no dejes que se vaya de tu casa!».
ANA: «Dale de comer y beber y mantenlo a tu lado. Estaré allí a primera hora de la mañana».

Solo en el transcurso de la noche, tuve más de seiscientos mensajes repletos de consejos y cariño. Por el día,

Ana no tardó en llegar, y lo hizo de la manera en que hace ella estas cosas: con *veinte* botes de jabones, juguetes, comida, camita, collar, correa y su sonrisa.

Le llamamos Bali. [23]

Pocos días después me enteré de que Bali había estado llamando a otras puertas, pero nadie lo quiso ayudar. «Es que tenía sarna y se la podía contagiar a mi perra», «Sí, vi a un hombre que le pegaba con un palo entre los arrozales para echarlo» o «Yo no toco un perro pulgoso, ¡qué asco!», me dijeron diferentes vecinos. Era solo un cachorro, pero me dio para pensar sobre el punto exacto en el que se rompe el círculo del cariño:

**Como nadie le dio amor, tenía pulgas;
y como tenía pulgas, nadie le dio amor.**

Los días pasaron y Bali empezó a recuperarse gracias a los cuidados y la ayuda veterinaria. Llevaría tiempo. Por mi parte, aún no había encontrado una respuesta a qué iba a hacer con él. Mi proyecto implicaba seguir viajando y no podía hacerme cargo, y lo único que me había planteado era evitar que muriera.

Recuerdo un día que le agarré el hocico y, mirándole a los ojos, le dije: «Hagamos una cosa, tú haces tu vida y yo la mía, ¿vale?». Bali no dijo nada. «Mientras yo esté aquí, puedes venir cuando quieras y nunca te faltará comida, pero ambos somos libres. Ni yo te pertenezco, ni tú me perteneces. La puerta está abierta para que nos vayamos cuando queramos, ¿entendido?» Me dio la pata. Al menos en mi imaginación. Dos semanas después ocurrió algo extraordinario, un momento que iba a marcar mi vida para siempre. Era de madrugada y, por alguna razón, yo había salido al jardín en busca de alguna estrella con la que *hablar* en mi *rincón de llorar*. No hubo suerte, las nubes cubrían el cielo y apenas dejaban ver alguna. Al bajar la vista, pude observar que la puerta que daba a la calle estaba abierta, y sentí un profundo impulso de acercarme a cerrarla para que Bali no se escapara mientras terminaba de recuperarse, pero me acordé de la promesa que nos habíamos hecho. El impulso seguía, haciéndose cada vez más fuerte. Mi cabeza se negaba, pero mis piernas avanzaban solas hacia la puerta. Finalmente, la cerré. Me quedé parado un rato junto a ella, tratando de encontrar la razón a mi pequeña *traición*, sintiendo cómo una flecha me atravesaba cuando di con el motivo:

» no había cerrado la puerta para que Bali no se fuera, la había cerrado para no irme yo.

CAMINO A LA LUZ

Hace poco, en un evento de crecimiento personal de *WeAreSeekers*, Pablo España, su fundador, me mostró una baraja boca abajo abierta, en forma de abanico, y me pidió que sacara una de las cartas. Cada una de ellas contenía una frase con un mensaje inspirador. Concentrándome, pasé mis dedos por cada uno de los naipes, poniendo todo de mi parte para creerme que la que saliera era la que mejor se adecuaba a mí. Cuando sentí que había dado con *la mía*, detuve mi mano y extraje la carta. Decía lo siguiente:

> *«La vida no siempre te da lo que pides,*
> *pero sí lo que necesitas».*

«¡Vaya —pensé—, adiós al best seller! ¿No podría ser al revés?» Para ser sincero, nunca he sido muy afín a la idea de que haya un universo (*una vida*) preocupado por mí. Más bien creo que los planetas y las estrellas tienen bastante girando y dando luz cada día como para atender a esa motita de polvo que soy yo. No obstante, sí creo que en nuestro proceso de crecimiento hay obstáculos que hemos de acabar saltando para poder seguir adelante, y que hasta que no los superemos, no vamos a dejar de tropezar con ellos una y otra vez. En cierto modo, la naturaleza funciona así. Los árboles son un buen ejemplo de ello. Desde que nacen, crecen hacia arriba buscando luz. La necesitan para vivir. Si el terreno está despejado, crecerán suavemente y en línea recta, pero si en su camino hay otros árboles arrojando sombra sobre ellos, retorcerán su tronco y sus ramas cuanto sea necesario para llegar hasta la luz.

Para mí esa luz es el amor —la conexión—, y todo cuanto impida que vivamos conectados con nosotros mismos y con los demás nos produce oscuridad. Si tardamos demasiado en reaccionar, *moriremos* como lo hace el árbol, y si optamos por buscar la luz —por crecer—, sentiremos el dolor que supone retorcerse para cambiar de dirección. La buena noticia es que el dolor no dura para siempre, a no ser que nos resistamos a escucharlo, sino que cesa al aprender la lección que necesitamos para subir al siguiente nivel. Desde que descubrí esto, mi pregunta en las etapas más duras ya no es «¿por qué a mí?», sino «¿cuál es el nuevo desafío?». Y el simple hecho de cambiar la pregunta cambia también mi equipaje: en un segundo paso de los pañuelos de víctima a la bandana de batalla.

**No podemos decidir qué vendrá por delante,
pero sí lo que veremos cuando miremos atrás.**

VIAJE A LA CONEXIÓN

La aparición de Bali fue para mí un obstáculo más de los muchos que *la vida* me venía ofreciendo para crear relaciones más auténticas y valientes, con la diferencia de que en esta ocasión decidí cerrar la puerta y no salir corriendo. Dice un viejo proverbio que cuando el alumno está preparado, aparece el maestro, y en mi caso tenía sentido. Posiblemente, si un cachorro desvalido hubiera llamado a mi puerta en otro momento, me habría buscado una excusa para no atenderlo, pero por aquel entonces algo estaba cambiando dentro de mí. Necesitaba luz.

Uno nunca sabe con exactitud cuándo se origina una revolución. Podemos reconocer algunos puntos clave e, incluso, la gota que colmó el vaso —para mí, la llamada de Bali—, pero al final los grandes cambios son la suma de muchas experiencias que van dejando un trocito en ti hasta que un día se unen y te marcan un camino. Eso es lo que me fascina de ir acumulando experiencias, que incluso lo que crees que es inútil es capaz de aportar un detalle que se va sumando a otros detalles hasta darte la respuesta no que pedías, sino que necesitabas. Hay quien llama a esto conectar los puntos. Otros lo explican más sencillo:

«El tiempo —si le ayudas—
pone cada cosa en su lugar».

Como digo, la llegada de Bali no fue un hecho aislado, sino que vino acompañada de otras vivencias que me enseñaron la que posiblemente haya sido mi mayor lección en los últimos años. Siento la enorme tentación de contarte cuál es, pero me gustaría que llegaras a ella de la misma forma que lo hice yo, a través de las historias. Si aceptas el juego, te daré una pista: ¿qué tienen en común un viaje en autocaravana con amigos, un saludo *nepalí*, un pájaro, una pócima alucinógena y una joven sanadora?

— *Vale, sé lo que estás pensando: con la pócima alucinógena todo puede conectarse... O no.*

HACIA RUTAS SALVAJES: EL «MODO OLMO»

Como ya te conté —dos meses antes del episodio de Bali—, tuve la suerte de juntarme con mis amigos Celes, Ilani, Toni y Olmo para realizar uno de mis viajes más alucinantes hasta la fecha: recorrer Australia en autocaravana. En total, cinco semanas y 12.500 kilómetros que nos llevaron a atravesar el país de oeste a este y de sur a norte, desierto y Gran Barrera de Coral incluidos. [24] Creo que nunca he conocido un territorio más salvaje, tanto por sus paisajes como por sus animales: cocodrilos, serpientes mortales, koalas, camellos, canguros, leones marinos, pelícanos, delfines... y el que formó parte de una de mis aventuras favoritas: ¡el gran tiburón blanco! Jamás podré borrar de mi memoria el momento en el que esta bestia de los océanos se abalanzó contra la jaula donde lo observaba con su mandíbula completamente abierta. ¡Sí, como en la película de Spielberg! [25]

Fue un viaje maravilloso, y para mí una prueba de fuego de convivencia. Pasé de mi costumbre de viajar solo y a mis anchas a hacerlo con cuatro personas más en el reducido espacio que ofrecía la autocaravana. Creo que a todos nos sirvió para aprender cosas nuevas sobre la amistad y la importancia de cuidarnos los unos a los otros, lo que supuso un verdadero regalo.

En este sentido, mi mayor lección vino de la mano de Olmo. Si sigues mis viajes, ya sabrás de quién se trata. Es uno de mis mejores amigos y con quien más aventuras he compartido en estos años. Y es que Olmo es una de las personas más valientes que he conocido. No porque sea capaz de adentrarse en la selva de Papúa para buscar tribus nuevas, ¡que también!, sino porque le veo cada día ayudando a los suyos, persiguiendo sus sueños y diciendo la verdad. Con el tiempo se ha ido convirtiendo en una mezcla de amigo y hermano mayor. Para mí es inspiración y maestro, tanto que a veces, en broma, le digo: «Olmo, te dejo encargado de tomar todas mis decisiones». Simplemente, me transmite confianza.

Una tarde, después de comer en un camping y a punto de reanudar nuestra marcha, algo se torció. Olmo había perdido su alegría y estaba de muy mal humor. Entró en lo que cariñosamente llamamos entre los amigos «el modo Olmo», y consiste en cabrearse por algún motivo tonto como que no le arranque la moto, encontrar las cervezas calientes o haber estrellado su dron. Cuando esto ocurre es como el tiburón blanco acercándose a la jaula: no te morderá, pero te mostrará todos sus dientes.

He vivido esta situación muchas veces. No con Olmo, sino con muchas personas —como seguro otros conmigo—, y en la mayoría de las ocasiones he reaccionado de la misma manera: alejándome y exclamando un «¡Eh, eh, conmigo no lo pagues! ¡Cuando te calmes, estoy aquí!». Siempre he creído que era la mejor forma de protegerme, pero ahora lo veo diferente: es la mejor manera de desconectarnos y hacer sentir soledad.

Para evitar la energía negativa que sentíamos, todos dimos un paso atrás, hasta el punto de dejarle conduciendo solo. Esto era importante, porque nos habíamos puesto la regla de tener siempre un copiloto durante los turnos de conducción. La sola imagen de verle al volante triste y sin compañía me pellizcó el corazón. «Quizá deberías acercarte tú», me dijeron mis amigos, pero me resultó tan incómodo que seguí a mis cosas.

Recuerdo estar al fondo de la autocaravana escribiéndome por teléfono con Flor. Ella siempre tiene la respuesta cuando se trata de dar amor, así que le conté la situación. Me lo dijo muy claro: «Siéntate a su lado y ponle la mano en el hombro. Que sienta que estás ahí. ¡Ah, e intenta hacerle reír!». ¡Lo que me faltaba! Era *yo* el perjudicado ¡y encima tenía que acudir a darle cariño! ¡Ni de broma!

Algo dentro de mí no estaba bien, y tras hablar nuevamente con mis amigos, me aproximé al asiento delantero y me senté a su lado. No gasté ninguna broma, y creo que hablé de cualquier tontería de la carretera, pero ideé un plan infalible: poner música. Conozco bien a Olmo y sé que aunque las cervezas no estén muy frías o su quinto dron yazca en mil pedazos bajo un acantilado, si suena un buen tema de Marea o Celtas Cortos no tardará en esbozar una sonrisa. Opté por los segundos. ¿Canción? Fácil: *La senda del tiempo*.

«A veces llega un momento
en que te haces viejo de repente,
sin arrugas en la frente,
pero con ganas de morir...»

Aproveché las partes más altas de la canción para establecer contacto físico y sonreírle. Antes de que acabara, los dos estábamos cantando a voz en grito. Es curioso que esta canción, una de las que más escuchamos en nuestros viajes, acabe con una frase que resulta ser el aprendizaje de esta historia. Y la de todas:

> *«Siento que algo echo en falta,*
> *no sé si será el amor».*

Lo era.

«APORTA O APARTA.» ¿ESTÁS SEGURO?

Deberíamos preguntarnos qué es lo que apartamos exactamente cuando nos alejamos de alguien que no reacciona del modo que a nosotros nos gustaría. En el caso de Olmo, lo tengo claro. No huíamos de un eventual mal humor; huíamos de su dolor, fuera el que fuese. Y lo que es peor, al alejarnos de su dolor, nos distanciábamos también de él.

En realidad, esto es algo que hacemos con frecuencia. No estamos entrenados en la incomodidad. Lejos de eso, tendemos a organizar nuestra vida en una sucesión de momentos fáciles y brillantes. Tenemos tantas oportunidades que quedarnos en la posición incómoda por un rato nos parece una pérdida de tiempo, al menos mientras exista un rincón más agradable en el que escondernos y no tener que *aguantar* a nadie. Ni a nada.

Hemos creado toda una cultura del «aporta o aparta», y creo que en algún punto yo he contribuido a ello. Es uno de los riesgos de escribir, especialmente cuando eres joven y rebelde. Y es que cuando publicas una idea ya no hay marcha atrás, está hecho, y a no ser que seas tan orgulloso que decidas renunciar para siempre a cambiar de opinión, vas a encontrarte con textos que hoy no escribirías o expondrías de otra manera. Personalmente, es un riesgo que asumo, pues la alternativa sería no publicar nada hasta ser tan viejo y sabio que ya lo sepas *todo*, en cuyo caso, seguro que una de las lecciones que habrías aprendido sería no esperar a ser perfecto para mostrar lo que tienes, lo que nos llevaría de nuevo al punto de partida, a compartir nuestras ideas, con el perjuicio de que ahora tendríamos mucho menos tiempo.

Hay algo más peligroso que cambiar de opinión, y es vivir opinando siempre lo mismo.

Uno de los textos que hoy matizaría sería el siguiente:

La vida es demasiado corta como para dejarla ir en cosas que no quiero; que no creo; que no amo. Como para decir SÍ cuando es NO. Como para elegirte a ti que no me eliges a mí.

Demasiado rápida como para seguir culpando al pasado y las historias que me trajeron aquí.

Demasiado breve como para no repetirme una y otra vez las palabras que bordarán mi nueva bandera: «Merezco llegar adonde me propuse. Aspirar a todo. Disfrutar.

Desde hoy y para siempre, lo que no me aporte, lejos».

Conozco el tipo de escritos que funcionan mejor en las redes, y sé que aquellos que evocan al sentimiento de «ahora me toca mirar por mí, caiga quien caiga» tienen muy buena acogida en los momentos de dolor y revancha personal. El problema es que a la vida significativa no se llega a lomos de un caballo solitario que galopa por las llanuras de *Memorias de África*, sino creando equipos que basan su fortaleza en el amor y la conexión, lo que incluye tanto los momentos felices como los de dolor.

A veces no son otros los que tienen que aportar, sino nosotros. A veces no es nuestra molestia lo que más importa, ni la comodidad, sino encontrar la fuerza para decir «este es nuestro equipo, seguimos juntos». Para recordar que no es el momento de cambiar las piezas, sino de sacar lo mejor de cada una de ellas. Creo en la importancia de elegir entorno y decir adiós, como también en que hay personas de las que no debemos prescindir tan a la ligera. No solamente hay luz en los equipos, también sombras, y estar solo a las buenas es una forma como otra cualquiera de negarse a la autenticidad de nuestras historias. «¿Aporta o aparta?» Conozco una frase mejor para los nuestros, y es la siguiente: «¿Cómo estás?».

¡NAMASTÉ, NAMASTÉ!

Seguimos avanzando en nuestro juego de desvelar el gran aprendizaje y ya tenemos dos buenas pistas:

– La mejor manera de combatir el dolor ajeno y la soledad es el amor. Y una buena canción.
– Las relaciones auténticas y significativas precisan estar en lo bueno y en lo malo.

La siguiente clave la recogí en el Himalaya. Una vez más. Es curioso lo que pueden dar de sí dos semanas de subidas y bajadas en silencio. En esta ocasión, la protagonista fue una palabra que a buen seguro conoces: Namasté. Se trata de un término que proviene del sánscrito «*namas*» (reverencia o adoración) y «*te*» (a usted), y que se utiliza en países como la India o Nepal para saludar, despedirse, agradecer o mostrar respeto, así como para rezar. Por esta razón, era la palabra que todos empleábamos cuando nos cruzábamos a lo largo del trekking. Daba igual quien fuera. O la nacionalidad. Todo era «Namasté». Era tanto su uso que un día me dio para crear un chiste que, por malo, pudo haberme costado mi proyecto:

Un hombre yacía semiinconsciente en las montañas de Nepal. Tenía los labios secos y la piel completamente deshidratada. Al pasar por allí una mujer y verle en tal estado, le dijo:

—Buen hombre, ¿se encuentra usted bien?

El hombre, con voz temblorosa, respondió:

—Señora, llevo cinco días sin beber y mis fuerzas parece que llegan a su fin. Me he cruzado con muchas personas, pero cuando les pregunto si tienen agua, me dicen que «Na' más té», y yo soy alérgico a esa planta. ¿No tendrá usted algo de agua?

En realidad, creo que no es tan malo, o al menos no tanto como el otro:

> *Si vas por las montañas de Nepal y te cruzas con una caravana de cinco yaks, ¿se puede decir que los* Yaks-son-Five?

Perdón.

El caso es que entre tanto Namasté y chistes sin gloria noté algo extraño. A medida que iba ascendiendo rumbo al campo base del Everest, mucha gente ya no respondía a mi saludo. Era como si su amabilidad hubiera quedado por debajo de los 4.000 metros.

—¡Namasté!

—... (sonido de viento glaciar)

Dos días después tuvo lugar un giro inesperado. Acababa de superar los 5.000 metros de altitud y sentí cómo la fatiga de una cuesta empinada, el frío y la falta de oxígeno me golpeaban con fuerza. Iba al límite de mi energía cuando un hombre que descendía me dijo con una gran sonrisa: «*Hey, Namasté!*». Lo miré jadeando, sin poder pronunciar palabra ni hacer una simple mueca, mientras por dentro pensaba: «¡Namasté tus muertos! ¡Y que no te vea yo esa risita!». Un ladrillazo me esperaba para cuando me volviera la sangre al cerebro y pudiera pensar: «¡Vaya, parece que es más fácil ser amable cuando caminas cuesta abajo!».

Me pasé buena parte de los días de descenso dándo-
le vueltas a aquella experiencia, tratando de recordar las
veces en que he exigido alegría o amabilidad a personas
sin ni siquiera saber la historia que portaban dentro. En
mi cabeza solo escuchaba una cosa:

> **Trata siempre de ser amable. No exijas.**
> **Nunca sabes la montaña**
> **que está subiendo cada uno.**

LA GENTE TÓXICA NO EXISTE

La primera vez que escuché el concepto «tóxico» referi-
do a personas me recorrió una sensación muy desagradable por el cuerpo. Hasta entonces, siempre que había
oído esta palabra era asociada a la contaminación o a la
presencia de veneno en algún organismo o sustancia, y
me parecía algo terrible que una persona pudiera ser
portadora de semejantes cualidades. Sin embargo, el término «tóxico» empezó a ponerse de moda. Cada vez
más, se fue usando para denominar a personas cuya presencia reducía la energía y alegría de los demás y, por
tanto, era bueno mantenerlas a distancia para, con ello,
dejar espacio a las supuestamente libres de «veneno».

Esto último parecía tener cierta consonancia con mi forma de pensar: rodearnos de personas que nos hagan sentir fuertes y amados es, en efecto, una decisión sabia y madura. No obstante, había algo en la *teoría de la toxicidad* que seguía causándome un profundo rechazo, y no fue hasta que traté de integrarla en la *filosofía de la valentía* cuando identifiqué qué es lo que fallaba: no era una simple cuestión de calificar a algunas personas como «tóxicas» —lo cual, además de desagradable, me resulta irresponsable—, sino de etiquetarlas bajo unas características inamovibles. Si, como ya habíamos visto, todos vivimos inmersos en nuestras propias historias de cambio y ascenso, tratar de ubicarnos unos a otros bajo atributos definitivos era tan limitante como equivocado. Y lo que era igual de importante: si asumíamos nuestras torpezas, máscaras y debilidades como parte necesaria de nuestro crecimiento, no había razón para no mirar a los demás con los mismos ojos y empezar a considerarlos fuera de las categorías *bueno / malo* e incluirlos en otra donde —más o menos avanzados— nos encontramos todos: la categoría de personas crecientes.

Aquello volvía a ponerme en una posición incómoda. Sabía de la importancia de abrazarnos a nosotros mismos en todas nuestras etapas, pero ¿y a los demás? ¿Debíamos guardar la compasión únicamente para nuestras historias? Y, en caso contrario, ¿dónde estaban los límites que debíamos marcar con quienes nos hieren? El radar ya estaba activado, y una de las primeras consecuencias fue empezar a ver a los demás como si fuera yo mismo quien estaba en su piel, lo que implicaba olvidarme de mis circunstancias y vestirme con las de cada uno de ellos. Descubrí algo: al igual que yo, todos tenían su lucha personal de ascenso. Al igual que yo, todos hacían lo que podían o sabían en el punto en el que estaban.

Esto cambiaba las reglas del juego. ¿Qué iba a hacer ahora cuando volviera a ver a alguien cometer alguna acción ofensiva o cuestionable? ¿Era tan sencillo como señalarle y alejarme o podía ayudarle de algún modo? Las dudas seguían creciendo. Lo que era seguro es que contribuir al cambio de otros requería de dos recursos irrenunciables:

– Unos límites claros e intraspasables que marcaran la frontera de nuestra dignidad.
– Energía y fuerza para ser pacientes y compasivos con sus momentos no de maldad, sino de torpeza.

Ya lo dice un proverbio: «No podemos salvar a nadie sin antes estar nosotros a salvo».

LA TEORÍA 0-5-10 (CÓMO MEJORAR EL MUNDO)

En respuesta a los interrogantes anteriores, acabé dise-
ñando una pequeña teoría para mejorar el mundo. Debía
encajar con *la escala de la valentía*, así que la llamé *la
teoría 0-5-10*. Viene a decir lo siguiente:

> » Ante cada situación, tenemos siempre tres formas
> de actuar: desde el sufrimiento (0), desde la justicia
> (5) o desde el amor (10).

Nuevamente, el punto de partida es el 5 (*Justicia*). Es
la manera más habitual en la que solemos obrar, y consiste en buscar justicia, es decir, en devolver en la misma
medida que se nos ha dado. A priori, no hay nada repro-
chable en actuar así, pues es lo justo, el problema es que
la justicia es la mejor forma de que las cosas sigan como
están. Son esas veces en las que si no nos tratan bien,
tampoco lo hacemos nosotros; o esas donde solo somos
amables si otros lo han sido antes. En resumen, una
manera de entregar que no se basa en el amor y el corazón, sino en el intercambio.

Cuando predomina este modo de comportamiento,
la interacción corre un riesgo alto de caer en la comparación. No hay mejora y tampoco inspiración.

Actuar desde el 0 (*Sufrimiento*) es, sin duda, la forma más destructiva. «¿Me has hecho daño? ¡Pues te vas a enterar!» Es el modo de la venganza y la rabia, donde no se busca la justicia, sino la *victoria*, tomando la herida recibida como un permiso para herir en mayor profundidad. Es la ley de la selva y del viejo *western*, una batalla de dos donde «solo puede quedar uno», con la paradoja de que cuando dos personas se hieren ninguna puede, en su interior, acabar en pie.

Por último, está la manera de actuar que aspira al 10 (*Amor*). En ella, el valor no es la justicia, y desde luego, no rige su respuesta desde la herida —¡todo lo contrario!—, sino que es capaz de convertir el daño en algo positivo. Es la forma en la que el ego queda a un lado para buscar la verdadera conexión. «¿Me has hablado mal? Me duele, pero seguro que algo te pasa. Te doy un abrazo.»

Llevo años debatiendo sobre este tema con amigos y también en algunos eventos, y cada vez que empiezo mi exposición alegando que la justicia no es un valor que quiera que rija mi vida, alguno se echa las manos a la cabeza. «¿Estás diciendo que no hay que ser justos?» Sí. «Entonces, ¿hay que ser injustos?» Todo cuanto podamos. Y es que para mí no se trata de eliminar la justicia de la vida dejando un vacío, sino de cambiarla por unos valores que nos acerquen más al amor y la conexión. La bondad, la generosidad, la amabilidad, el perdón... en definitiva, ¡el amor!, son valores que nada tienen que ver con la justicia —no se ejercen mirando lo recibido o esperando una vuelta—, pero que si nos atreviéramos a ponerlos en el centro, sin duda harían de nuestro mundo un lugar mejor.

Y sí, es difícil llevarlo a cabo. Hay veces que nuestras heridas son tan grandes que pensar en un 10 es una verdadera utopía, pero el simple hecho de tenerlo como referente hará que arañemos las décimas que podamos. Unas veces actuaremos de 5,1, otras de 7,2 y otras caeremos al 4, pero incluso cuando eso ocurra sabremos cuál es el camino.

Yo lo hago con mi pulsera turquesa, y no faltan veces en las que he tenido ganas de arrojarla por la borda, pero creo que mantener este recordatorio y esta filosofía me ha hecho mejor persona, y eso siempre mejora *mi casa*. Unas veces ha sido bajo el dolor profundo de una ruptura y otras bajo la aparente nimiedad de preguntar «qué tal» a alguien que no saluda, pero siempre bajo la misma verdad: no hay lugar o momento en que no podamos dejar un poquito más de *belleza en el mundo* y cambiar el foco del «yo» a «los demás».

A TI, QUE LLORASTE EN VOZ BAJA

A ti, que lloraste en voz baja. Que no hiciste un circo para llamar la atención mientras la herida te fulminaba por dentro. Que callaste cuando el dolor te pedía gritar.

A ti, que no supieron ver lo que llorabas a escondidas. En el baño. Al apagar la luz. En tus largos paseos. Que se atrevieron a cuestionar tu amor por tratar de seguir adelante sin negar una sonrisa. Que te acusaron de no haber querido lo suficiente por no lamentarte a los cuatro vientos. En cada esquina o red social.

A ti, que mantuviste el tipo a pesar de no recibir jamás dos palabras que te pertenecían: perdón, gracias.

A ti, que preferiste el silencio y la gratitud antes que reclamar justicia en una causa perdida. Que no usaste las astillas clavadas en tu alma para acabar con la otra alma. Que no renunciaste al pasado compartido solo porque la historia terminara.

A ti, que llevaste el pecho roto con dignidad. Que dejaste ir. Que te dejaste matar sin protestar.

A ti, y solo a ti, te dedico estas palabras: cada vez que te sentiste solo, yo estaba allí. Y él. Y ella. Y todas las personas buenas que aprendieron algún día que, aunque duela, vale más no abrir la boca que destrozarlo todo para cerrar una herida.

No hace falta romper un corazón para reparar el tuyo.

No permitas que la ausencia de recompensa te haga dudar jamás, pues no existe mayor premio que saber que —bajo lluvia o tempestad— nada alterará la paz de quien, pudiendo dejarse ir, decide hacer lo correcto.

Querido amigo, abrazo la nobleza de tu corazón.

Es solo un ejemplo para los momentos de duelo amoroso, pero los contextos para llevar a cabo *la filosofía 0-5-10* son ilimitados. El secreto está en olvidarnos del sentido de merecimiento o justicia y tratar de entregar más de lo que recibimos. ¿Por qué? Dos son los motivos: porque deposita amor en el mundo —donde, por cierto, también vivimos— y porque un día todo pasa y miraremos atrás. Y llegar a hacerlo con orgullo y calma es la mejor forma de guardar fuerzas para afrontar, vivir y disfrutar lo que venga por delante. Recuerda: la belleza no surge de la nada.

LA PÓCIMA ALUCINÓGENA

Odio las casualidades. Sobre todo aquellas que parecen no serlo. Para una cabeza tan *empírica* como la mía, hay ciertos azares que me ponen nervioso y que me obligan a hacerme preguntas que no quiero. Uno de ellos fue recibir un mensaje en mi teléfono justo en el momento de comenzar mi ritual.

Decía así:

> *«Nada hay más poderoso que una idea*
> *a la que le ha llegado su momento».*

La frase es de Victor Hugo —la enviaba una amiga— y fue premonitoria. Pero empecemos por el principio.

Nos encontrábamos en la primera ola del coronavirus, y aunque las limitaciones en Bali eran muy pequeñas al lado de otros lugares del mundo, teníamos algunas restricciones severas de movimiento. Especialmente en lo que se refería a playas, parques naturales y puntos turísticos. Mis sueños viajeros, como los de tantos millones de personas, se habían caído, por lo que decidí embarcarme en otro tipo de viaje que nunca había experimentado.

Hacía poco me habían hablado de un chamán en la isla que preparaba una pócima capaz de llevarte a los últimos rincones del inconsciente. Según decían, una vez la bebías, entrabas en un viaje interior que podía enfrentarte tanto a los lados más oscuros de tu memoria como a la luz más brillante de tu imaginación. Aquello sonaba atractivo, aunque una parte de mí se mantenía escéptica. Opté por resolver mis dudas y me dirigí a la casa de aquel chamán. Una vez allí, le conté lo que buscaba:

—Llevo más de un año y medio viajando por el mundo buscando historias. Soy escritor y amo conectar ideas. Nunca he hecho algo así y te confieso que tengo algunas dudas.

El chamán sonrió confiado y me dijo:

—¿Escribes? Entiendo. No te preocupes, tengo exactamente lo que buscas. Vuelve dentro de un par de días.

Dos días después nos volvimos a encontrar. En su mesa había una botella de cristal lista para mí con un líquido de color marrón de aspecto poco apetecible. Me dio algunas indicaciones y mantuvimos una breve conversación de la que solo recuerdo estas palabras:

—Te he preparado algo muy fuerte. Tu libro lo agradecerá. No lo tomes todo de golpe. Ve poco a poco y en función de cómo te encuentres, sigue bebiendo.

Nunca he sido muy dado a la moderación en la aventura una vez he dado el salto, así que tuve claro que la botella acabaría vacía desde el momento en que oí sus palabras. Volví a casa y dispuse todo para la ocasión. Sillones, velas, listas de música… Era sábado. Abrí la botella y miré el teléfono para comprobar la hora: 3.35 pm. Al hacerlo, topé con un mensaje. *Era* Victor Hugo. Aquello prometía.

Creo que por mucho que lo intente, jamás podré describir todo lo que viví aquel día. En total, seis horas de viaje que concluyeron sin que a mi *regreso* nada volviera a ser igual. Mis dudas y mi escepticismo quedaron sobradamente resueltos. La sensación general fue de completa paz y atención. Estaba feliz, muy feliz. No existían los malos pensamientos e incluso lo que en un estado de normalidad era capaz de herirme, ahora era integrado en un proceso vital con gratitud y alegría. No fue una experiencia homogénea, sino que hubo diferentes fases.

Etapa 1: Alucinaciones. Las nubes se movían a toda velocidad adoptando formas diversas. Desde caras monstruosas que no asustaban hasta la figura de mi padre el día que me despedí de él en el hospital. Fue precioso volver a encontrarnos. Reflejaba calma.

El suelo también se movía al ponerme en pie, y si miraba al cielo aparecían colores y líneas que cambiaban su forma al ritmo de la música, como en aquellos ecualizadores del Windows Media Player de los años noventa. Fui probando diferentes acciones para ver qué sucedía, y tras salir a correr un rato —era como hacerlo en una cinta de gimnasio— y no parar de reírme intentando hablar con mi vecina Daria, decidí colocar el teléfono delante de mí para grabarme describiendo lo que sucedía. Aún me río cuando veo el vídeo y me encuentro mirándome las manos y la cara. Aquel día me veía el pelo cano y la piel arrugada; hoy solo encuentro a un chico joven repitiendo sin parar «¡Soy un puto viejo!» entre asombro y más risas.

Etapa 2: Orden compulsivo. No me preguntes por qué, pero me dio por ordenar y limpiar la cocina meticulosamente. Ojalá fuera así más veces.

Etapa 3: La gran revelación. Siguiente apartado.

Etapa 4: Inspiración y creatividad. Pasé dos horas escribiendo de pie en el ordenador al ritmo de óperas imperiales las notas que dieron lugar a este capítulo. Parecía un loco. Un loco completamente inspirado.

LA GRAN REVELACIÓN: NO RETIRAR LA MIRADA

Una vez más, la magia tuvo lugar en el acto central. Las nubes de colores se habían ido, yo volvía a ser joven y la cocina ya estaba impecable. Era de noche y la fiesta interior seguía. La botella hacía un rato que estaba vacía.

Descolgué el espejo de mi cuarto y lo saqué a la terraza, situándolo justo delante de mí. Yo estaba sentado en una silla y, entre medias del espejo y mi cuerpo, coloqué una mesa con dos velas encendidas. *Me miré* a los ojos fijamente, sin despegarlos de ahí en la siguiente hora, dando lugar a mi verdadero viaje interior. En esta ocasión no hubo alucinaciones o deformaciones visuales, ni risas, y lo único que alteraba la normalidad era la historia que se creó dentro de mi cabeza. Mi personalidad *se había desdoblado*, siendo *yo* ahora dos personas diferentes: una, la de la silla y otra, la del espejo, sentadas ambas frente a frente. La luz de las velas en mitad de la oscuridad creó el contexto. Ya no eran candelas, sino una hoguera que iluminaba *nuestros* rostros. Estábamos en la tregua nocturna de una gran guerra, en la trinchera, y los ojos del *soldado* del espejo me narraron su historia. En ella había ilusiones desvanecidas, compañeros caídos, gritos, llantos y una profunda culpa por haber derramado sangre. No nos conocíamos e ignoraba si hablábamos

la misma lengua, pero no importaba, sabíamos que com-
partíamos bando y eso era suficiente para permanecer
sentados junto al mismo fuego. Yo seguía mirando sus
pequeños ojos marrones. Sin apartarlos. Sin decir nada.
Sin tratar de encontrar una sola frase que pudiera con-
solarlo. No existía. Dentro de mí, solo escuchaba estas
palabras: «No voy a irme, estoy a tu lado».

La zona media de la vida se abandona apuntando
a *los puntos dorados,* pero se alcanza cuando estamos
dispuestos a abrazar *los puntos de sutura.*

Seguíamos frente a frente, y su dolor por lo vivido en la
batalla comenzó a fusionarse con el mío: la enfermedad
de mi madre, la distancia con mi hermano, la ausencia de
mi padre, los sueños que no fueron o mi corazón roto
por *amor* dos años antes. Todo estaba en la misma mesa
que las heridas de aquel *soldado,* mezclado, siendo al
mismo tiempo el dolor de uno el del otro, y el del otro
el dolor de uno. Ninguno de los dos se retiraba. Nuestro
sufrimiento, aun siendo diferente, se abrazaba. La conexión era absoluta. De pronto, un mar de lágrimas cayó
por mis mejillas. Acababa de entenderlo todo:

La conexión humana más profunda no nace en los instantes de alegría, sino permaneciendo juntos en los momentos de dolor, manteniendo la mirada. Si queremos volver a casa —recuperar la conexión para la que nacimos—, debemos reconciliarnos con nuestras partes más oscuras, no solo a través de nuestras historias, sino a través de las historias de otros. Cuidar nos cuida; ayudar nos ayuda; ver nos hace ser vistos; escuchar nos da voz. La compasión no es una forma de ayuda a alguien, sino una sanación colectiva, el reconocimiento no de que somos iguales, sino de que somos la misma cosa. Es solo en este reconocimiento, ejercido al permanecer tanto en la luz como en la sombra, donde encontramos la puerta de entrada al amor verdadero y a la vida implicada, auténtica y significativa que todos anhelamos.

VIVIR EN LA TRINCHERA

La resaca de aquello fue considerable. No en lo físico, sino en lo emocional. Sentí que con esta nueva visión de lo que implicaba vivir conectado debía revisar muchas de las historias en las que me había visto involucrado, y eso no iba a ser en absoluto cómodo. Se avecinaban algunas llamadas de perdón, así como aprender a perdonarme yo mismo. Y lo que era más importante, tocaba diseñar cómo iba a afrontar el futuro a partir de ese día.

Todo se aceleró. Recuerdo dos cosas que ocurrieron esa misma semana. La primera fue encontrarme un pajarito agonizando sobre el césped de mi jardín. Se había caído del nido y nada pude hacer para salvarlo, excepto acariciarlo hasta el final. Lo vi morir en mis manos. La segunda fue una conversación con mi vecina Daria, quien me contó que últimamente se sentía sola. Hasta entonces, apenas habíamos hablado, y apenas sabía que se dedicaba a hacer masajes terapéuticos o, como ella dice, «a sanar el alma de las personas». Una fuerza salió de mí para preguntarle: «Y a ti, ¿quién te sana?». Emocionada, respondió: «Nadie». La tomé de la mano y le dije que se tumbara sobre la cama. Le hice el que probablemente fuera el peor masaje de la historia.

Fueron unos gestos pequeños, pero para mí supusieron el inicio de algo grande. Por primera vez en mi vida, el dolor ajeno había dejado ser una molestia para convertirse en una forma de acercarme a las personas. No había vuelta atrás, quería vivir en la trinchera. Al día siguiente, y en homenaje a los ojos del *soldado* del espejo, nació la pulsera marrón (no retirar la mirada). Sería mi forma de recordarme que la verdadera conexión nace al permanecer juntos también en el dolor.

Ahora sé que la llegada de Bali fue uno de los grandes puntos de inflexión en mi vida y, aunque no fue un hecho aislado, me puso delante la pregunta que necesitaba: ¿te vas o te quedas? Doy gracias cada día por haber cerrado aquella puerta.

Y es que, cuando cierras la puerta del egoísmo y la comodidad, se abre la puerta de la compasión y el amor, y una vez ahí, no hay billete de regreso: ves un pajarito moribundo y lo arropas hasta su último aliento; ves a una sanadora a quien nadie sana y la cuidas; un perro llama a tu puerta magullado y lo acoges. Punto. Pero eso no es nada. Ahora, cuando vuelves a encontrarte con tu madre o tu hermano heridos, o con tu abuela llorando la pérdida de su hijo, o con tus amigos pasando un mal momento, aguantas la mirada, les coges la mano y esta vez decides no largarte.

Cuando llegas a este punto, descubres que tu viaje no ha terminado, sino que acaba de comenzar. Vendrán mil batallas, algunas duras, y fallarás en muchas de ellas, pero el camino es ascendente. Has pasado al asiento delantero y te has sentado. Para lo bueno y para lo malo. Junto a Olmo y sus canciones; junto a todas las personas que, como tú, por dentro están subiendo sus montañas.

Namasté.

Las pulseras de la valentía

Como ya has visto, junto a cada uno de los capítulos del libro —así como en algunos de los momentos importantes de mi recorrido— te he hablado de unas pulseras. Para mí han resultado ser un elemento imprescindible en mi desarrollo interior durante los últimos años y, por eso, no podía dejar de compartirlo contigo.

Y es que, si algo he comprobado como profesional y apasionado del crecimiento personal, es que la mayoría de las claves que nos impulsan a dar nuestro siguiente paso no son lecciones nuevas que integrar, sino lecciones viejas que recordar.

Las pulseras son ese recordatorio.

Hoy en día, todos sabemos que debemos ser proactivos, o auténticos, o generosos, o compasivos. Como también conocemos la importancia de reinventarnos, elegir bien nuestro entorno o perseguir nuestros sueños. Igualmente, no es ninguna novedad que debamos aprender a amarnos sin medida o abrazar nuestro pasado. Y, sin embargo, ¡lo olvidamos tan rápido! En mi opinión, esto no es una mala noticia, ya que reduce nuestra labor a una sola conclusión: hemos de practicar cada día.

En mi caso, llevar las pulseras durante los últimos años ha supuesto una gran evolución. El simple hecho de detener el tiempo cada mañana para observar mi momento presente y hacerme consciente del punto de crecimiento en el que estoy, me ayuda a poner el foco en el aspecto de *la filosofía de vida valiente* que necesito trabajar.

En este código QR puedes encontrarlas. Junto a ellas descubrirás una meditación a modo de anclaje para que integres cada uno de sus significados en lo más profundo de ti.

A continuación, tienes la lista de las pulseras y los significados de una forma detallada, así como el momento en que llevarlas y el compromiso que conlleva cada una de ellas.

* No olvides realizar el compromiso de forma pausada, en voz alta y con determinación.

PULSERA IMPLICACIÓN

Color: Amarilla

Significado: Nos recuerda que vivir con pasión, ilusión y alegría es el resultado de jugar con la vida. Vivir enamorados es una actitud.

El compromiso:

Hoy voy a pasar a la acción.
Voy a usar la vida y a poner una parte
de mí en todo lo que me rodea.

Dejo las excusas a un lado.

Soy el protagonista de mi propia historia.

Cuándo llevarla:

- Cuando siento apatía, desmotivación y pereza.
- Cuando me siento desconectado de los demás.
- Cuando quiero ser parte de la abundancia de la vida.
- Cuando decido dejar belleza en el mundo.
- Cuando quiero pasar de la queja a la gratitud.

PULSERA VERDAD

Color: Burdeos

Significado: Nos recuerda que la única manera de sentirnos amados plenamente y lograr conexiones auténticas es mostrándonos tal y como somos.

El compromiso:

> *Hoy voy a mostrar lo que llevo dentro.*
> *A decir la verdad.*
>
> *Aunque no guste.*
> *Aunque decepcione.*
>
> *Tengo derecho a sentir como siento*
> *y a ser como soy.*

Cuándo llevarla:

- Cuando quiero mostrar lo que siento.
- Cuando debo afrontar una conversación incómoda.
- Cuando quiero hacer una confesión importante.
- Cuando me da vergüenza hacer una petición.
- Cuando miro hacia dentro para buscar mi verdad.

PULSERA EVEREST

Color: Azul

Significado: Nos recuerda la importancia de perseguir nuestros sueños y vivir acorde a lo que somos y a lo que amamos.

El compromiso:

Hoy apuesto por mi sueño.
Por vivir de la manera en la que creo.

No es conseguirlo, es intentarlo.
No es saber que llegaré, es sentir que merezco hacer lo que amo.

Subiré tan alto como pueda.

Cuándo llevarla:

- Cuando apuesto por mi sueño.
- Cuando la opinión de los demás me hace dudar.
- Cuando me falta la motivación para seguir.
- Cuando en el camino siento miedo.
- Cuando quiero arriesgar.

PULSERA ENTORNO

Color: Verde

Significado: Nos recuerda que somos parte de un equipo que cree en nosotros, nos hace crecer y sopla nuestras alas. Juntos siempre es mejor.

El compromiso:

Hoy sé quiénes son los míos.
Los que me impulsan, me protegen
y me hacen mejor.

Estoy para ellos, igual que ellos para mí.

Juntos somos equipo.

A quién regalársela:

- A quien te quiere tal y como eres.
- A quien te empuja a saltar y amortigua tu caída.
- A quien se sube a tus sueños y te invita a los suyos.
- A quien celebra tus triunfos y llora tus derrotas.
- A quien te recuerda que eres especial.

PULSERA CERO

Color: Blanca

Significado: Nos recuerda que, algunas veces, para llegar donde queremos hemos de soltar. Todo final es también un principio.

El compromiso:

Hoy empiezo de cero.

Acojo el fin como una nueva oportunidad.
Suelto el pasado para construir el futuro.

Doy gracias por lo vivido
y empiezo mi nuevo camino.

Cuándo llevarla:

- Cuando tu relación de pareja ha terminado.
- Cuando quieres reinventarte profesionalmente.
- Cuando cambias de entorno o de amigos.
- Cuando sueltas las creencias que ya no te valen.
- Cuando empiezas una actividad nueva.

PULSERA 0-5-10

Color: Turquesa

Significado: Nos recuerda que lo que mejora el mundo no es la justicia, sino el amor, la generosidad, el perdón y la bondad. No hace falta recibir para empezar a dar.

El compromiso:

Hoy entrego yo primero.

No voy a esperar a que me quieran para querer.
A recibir para dar.

Mi valor no es la justicia.
Mi valor es el amor.

Cuándo llevarla:

- Cuando no esperas un motivo para ser amable.
- Cuando tras una ofensa, eliges perdonar.
- Cuando en mitad de una guerra, buscas la paz.
- Cuando sin haber recibido, decides regalar.
- Cuando piensas bien pudiendo pensar mal.

PULSERA NO RETIRAR LA MIRADA

Color: Marrón

Significado: Nos recuerda que la verdadera conexión con los demás necesita de nuestra presencia no solo en la alegría, sino también en los momentos de dolor.

El compromiso:

Hoy estaré a tu lado.
Cuidando de tu miedo y tu dolor.
Ofreciéndote mi mano, mi escucha y mi abrazo.

El corazón es mi motor.
La entrega, mi decisión.

Antes que la comodidad, elijo el amor.

Cuándo llevarla:

- Cuando alguien llora a tu lado.
- Cuando un ser querido sufre una enfermedad.
- Cuando alguien te habla desde el enfado.
- Cuando presencias una injusticia.
- Cuando tus amigos pasan por un mal momento.

PULSERA VALENTÍA

Color: Dorada

Significado: Representa la suma de todas las pulseras. Nuestra apuesta definitiva por una vida valiente. La decisión de vivir buscando *los puntos dorados*.

El compromiso:

Hoy aspiro a los puntos dorados.
Al amor verdadero. A las conexiones profundas.
A mis sueños mejor guardados.

Acepto el desafío de llevármelo todo:
Triunfos y fracasos. Comienzos y rupturas.
Alegrías y tristezas.

No he venido a ganar. Ni a ser perfecto.
Ni a colmar la opinión de los demás.

He venido a ser de verdad.
A dejar belleza en el mundo.
A abrazar la vida con lo que venga.
A vivir.
A vivir de forma que me duela marcharme.

Cuándo llevarla:

SIEMPRE.

Agradecimientos

Tengo el privilegio de seguir ejerciendo mi pasión gracias a todos los seguidores y personas que durante estos años han compartido mi trabajo en redes, comprado mis libros o enviado palabras de ánimo y cariño. Haré cuanto pueda por devolveros tanto apoyo.

A mi familia, mi red de seguridad para atreverme a avanzar. Gracias de corazón a mi madre Encarna, mis abuelas Vicky y Encarna, mi hermano Alejandro, mis primos Alba y Borja y mis tíos Jorge, Blanca, Mariví y Maite.

A todos los compañeros y amigos que he encontrado en estos casi tres años de viaje. Especialmente a Eric, Cristina, Olmo, Ana, Toni, Celes e Ilani. Nada habría sido igual sin vosotros.

A Cristina Lomba y todo el equipo editorial de Plaza & Janés. Gracias por creer en mí y por el esfuerzo tan grande que habéis realizado. Es un orgullo formar parte de este sello.

A todos los autores que dejaron su belleza en el mundo en forma de libros. Gracias por inspirarme y señalarme las coordenadas de los siguientes tesoros.

A todas las personas que han sido parte de mi historia, aunque fuera por un instante. Soy consciente de la injusticia de no mencionaros uno a uno. Me acuerdo en esta última etapa de Andreu, Alberto, Cande, Carlos, Desi, Elena, Íñigo, Jorge, Laura, Martuca, Natalia, Olga, Pablo, Paloma, Ric y Rocío.

A Diana. Tu empeño para que nacieran las pulseras cambió el rumbo de mi crecimiento y de este proyecto para siempre.

A Pilu, estrella incondicional de este universo de locos y valientes. Gracias por salvarme de tantas.

A Olmo, amigo, compañero de aventuras y «hermano mayor». Gracias por tantas batallas que recordar en el futuro.

A mi primo Borja. Nadie como tú sabe lo que significa este sueño para mí. Gracias por enseñarme a reírme de la vida, por tu inspiración diaria y por hacerme sentir que, por muy mal que girara el mundo, nunca estaré solo.

Mi más distinguida y cariñosa gratitud:

A Flor, por encenderme la luz del camino y cogerme la mano fuerte. Tu manera de amar y vivir han sido el faro de este libro. Espero haber llegado.

A Ana. Daré gracias cada día por haberte conocido. Soñar y trabajar contigo, crecer y ser acompañado, sentirnos invencibles. Nada de eso puede expresarse en unas líneas. Gracias por el incalculable amor y el tiempo que has puesto en este libro. Deseo con todo mi corazón que lo sientas también tuyo.

A todos vosotros —y con el convencimiento de que el autor no es más que el mensajero de toda la abundancia que nos regala la vida cada día—, gracias desde lo más profundo de mí.

No dejemos de perseguir nuestros sueños.